VAN LIFE

YOUR HOME ON

THE ROAD

VAN LIFE

FOSTER HUNTINGTON

フォスター・ハンティントン

BLACK DOG
& LEVENTHAL
PUBLISHERS
NEW YORK

VAN LIFE
YOUR HOME ON THE ROAD

Foster Huntington

This edition published by arrangement with Black Dog & Leventhal, an imprint of Perseus Books, LLC, a subsidiary of Hachette Book Group, Inc., New York, New York, USA through Japan UNI Agency, Inc., Tokyo.

中扉：Volkswagen Westfalia (Cowboy Jackpot), Great Teton, Wyoming; contributed by Christine Gilbert
前ページ左：1986 Volkswagen Vanagon, Ventura, California; contributed by Evan Skoczenski
前ページ右：1977 Volkswagen Westfalia, Mount Hood, Oregon; contributed by Callie McMullin
右ページ：1976 Volkswagen Westfalia (Sunshine), Kansas; contributed by J.R. Switchgrass

CONTENTS

2008 Ford Transit (Rusty), Hawke's Bay, New Zealand; contributed by Jonathan Edward Johnston

1986 Volkswagen Vanagon Wolfsburg Edition (Penelope the Westy), Big Sur, California; contributed by Gunnar Widowski

本書の写真やストーリー、インタビューが、興味の種を蒔いたり、

旅のインスピレーションを呼び起こしたり、

さらには、もっと大きなライフスタイルの変化をもたらしたりすることを願っている。

マーク・トウェインは、「旅することは、先入観や偏見、心の狭さを壊してくれる。

だから、私たち、たくさんの人間が、強烈なまでに旅を必要とするのだ」と言っている。

僕はこの言葉に心から賛同する。

僕にとっての最高の時間は、夜に車を停める場所を探し、朝日を浴びて目を覚まし、

また旅を続けながら過ぎていく時間だ。

——フォスター・ハンティントン

CHAPTER 1

VOLKSWAGEN T3 VANS

前ページ：
1984 Volkswagen Transporter Westfalia (Popo), Yosemite National Park, California
Contributed by Joanna Boukhabza and Eric Bournot

左から時計回りに：
Vancouver Island, British Columbia, Canada; Gothic, Colorado; Baja California, Mexico

Escape from New York:

僕はどうやって、初めてのヴァンで2年の旅に出て、8000マイルを走行し、新たな生き方にたどり着いたか。

僕はブリトーボウルのフタを開けると、ビニール袋からプラスチックのナイフとフォークを取り出し、手首を返して、豆と肉とライスの層をかき混ぜた。アーロンチェアにもたれかかり、一口目をほおばる。ウエストコーストのブリトーにはとても及ばないが、マンハッタンのミッドタウンで食べる他のランチに比べれば、最高の味とも言える。もぐもぐと味わいながら、仕事のメールを最小化し、新しいブラウザを立ち上げ、フォルクスワーゲンのヴァンに特化した個人広告と情報交換のサイト、TheSamba.com を開いた。

僕は1987年式のフォルクスワーゲン・ヴァナゴン・シンクロを指差し、口をもごもごさせながら言った。
「見てくれよ、これ」

同僚のタイソンは、自分のノートパソコンとブリトーボウルから目を離し、僕の画面をのぞき込むと、興奮する僕に調子を合わせた。「うわ、めちゃくちゃかっこいいな。それって4WD？」

タイソンはそう言うと、昼休みの日課にしているスニーカーサイト巡りに再び取りかかった。

「ああ。フォルクスワーゲンが80年代に数年間製造していたんだ。これが欲しいんだよ」と僕は答えた。

「でも、買ってどうするんだ？　駐車する場所は？」

タイソンがそう聞くのも当然だ。ニューヨークで車を持つには、天文学的な費用がかかる。だが、僕には計画があった。ひどくシンプルな計画ではあるのだが。

「これに乗って、しばらくあちこち旅をしたいんだ。ベッドも小さいキッチンも付いている。サーフィンして、トレッキングして、おそらくは車で生活して」

タイソンは窓のない僕らのオフィスをぐるりと見回すと、「こういうものとは全部おさらばして？」と言った。

**会社へ歩いて行くときも、マンハッタンの地下鉄に乗っているときも、
眠っているときでさえも、僕の頭の中は、
西部やメキシコの果てない路上を旅することでいっぱいだった。**

「そう。まさにその通りなんだ」と僕は笑い、ブリトーをフォークでかき込んだ。

昼休みに時々ながめる程度だったオンラインでのヴァン探しは、数週間後には、フルタイムの熱心な作業になっていた。新しい広告を探すため、僕は毎日6つのサイトをチェックした。何時間もかけて情報を集め、紹介文を読み、手に入れるべきモデルを決めた。フォルクスワーゲンT3シンクロ──レア中のレアだ。1987年から1991年にかけて、およそ3000台がアメリカに輸入された。それ以降、現存する車両は、オフロード愛好家からも、フォルクスワーゲンヴァンのヒッピーコミュニティからも、カルト的な人気を得ている。愛称は"シンクロ"で、どこでも行けるがスピードは出ない。パワー不足ではあるが、ゆっくりとしたスピードでのんびり移動することは、僕にはとても魅力的に思えた。会社にまつわる物事のペースの速さが負担になり始めていた僕は、人生を変える行動へと足を踏み出しつつあった。

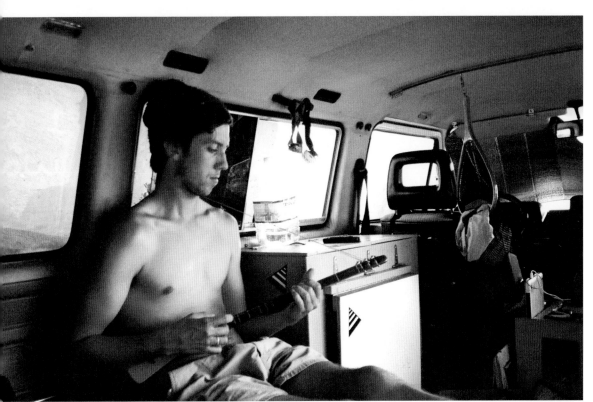

上：Big Sur, California　下：Humboldt County, California

インターネットでは、この希少で入手困難なヴァンの情報を何時間も調べていたが、僕が夢中になって空想していたのは、そのヴァンで冒険できそうな場所のことだった。会社へ歩いて行くときも、マンハッタンの地下鉄に乗っているときも、眠っているときでさえも、僕の頭の中は、西部やメキシコの果てない路上を旅することでいっぱいだった。何もないバハの荒野を旅したり、北カリフォルニアのセコイアの木の根元で眠ったり、ワイオミングの山の中で雪道を駆け抜けたりしている自分の姿を思い描いた。ヴァンで暮らす人たちの記事を読んだ。車で生活した経験がある友人から話を聞いた。YouTubeで動画を見た。僕は完全にとりつかれていた。すべてがとてもシンプルで、実現できると思えてきた。僕に必要なのは、4つのタイヤが付いた家だけだった。

　生活ができる車への憧れが生まれたのは、かなり昔の話になるが、90年代半ばに家族でカリフォルニアへ1カ月のロードトリップに出かけたときのことだった。旅に出て何日もしないうちに、小型のキャンピングカーの運転席の上にあるベッドに腰かけて、揺られながら走るのにも慣れていた。いつも『フォレスト・ガンプ』のサウンドトラックがかかっていた。道端に車を停めて眠り、美しい場所で目を覚ます。そんな気楽でシンプルな旅の仕方に心を奪われた。ロードトリップの道の途中、僕の両親は、メキシコを300ドルのヴァンで巡った旅や、ノーザン・ウィスコンシンへの壮大な家族旅行など、それまでに経験した旅の話を聞かせてくれた。そうしたことのすべてが、自己完結型の旅への憧れに火をつけた。8歳の僕にとって、車中泊ができる車は、走る要塞か、カスタマイズされた脱出カプセルだった。つまり、それ以上素晴らしいものはなかった。

　オレゴン州の高校を卒業した後、僕はメイン州に引っ越して、オーガスタ北部の小さな大学で4年を過ごした。その間、友人であり、後にヴァン暮らしの仲間となるダン・オパラクと一緒に、"松の木の州"という愛称を持つ広大なメイン州を旅した。凍える夜は、彼のトヨタ・ハイランダーの後ろで耐えながら眠り、間に合わせで作ったベッドの上で、サーフボードに囲まれて体を休めた。州立公園や使われなくなった貸別荘の車道に車を停めて、朝日が昇るのを待っては、波のうねりを確認した。そんなふうに過ごす日々の中で、ロードトリップが大好きだった子どもの頃の気持ちを、何度も繰り返し思い出した。旅に出るたびに、興奮や冒険、自立といった感情が、同じように心の底から沸き起こってきた。子どもの頃、キャンピングカーの運転席の上に乗って、家族で北カリフォルニアの田舎道を飛ぶように駆けていったとき、初めて味わった感情だ。

前ページ：Humboldt County, California　上：Malibu, California

　僕の空想や思い出とはまったく正反対に、マンハッタンでの日々の生活は、どんどん「大人」らしくなっていった。毎朝8時にはミッドタウンの職場に到着する。デスクに座ったまま20分で朝食を済ませ、夜の8時前に帰れることなどめったにない。自分が夢だと思う仕事に就くことができていたし、僕らの世代が子どもの頃から求めてきた安定や快適さ、先の見える安心へと向かう道のりを、順調に突き進んでいた。同僚には「正しい」道を進んでいるように見えたと思うが、僕の心は葛藤していた。僕が心から思い描く、自分の本当の理想の人生に向かっていないという思いが、どんどん強くなった。そうした気持ちを抱えていた僕は、ヴァンが欲しいという夢をきっかけに、ニューヨークからの脱出を計画し始めた。ちょうどその頃、バーニングハウス（The Burning House）と名付けた写真のプロジェクトが注目を集め、本として出版されることになった。蓄えていた貯金に前払い印税が加わり、はやる気持ちでヴァンを探すようになった。

　2011年5月末、フォルクスワーゲンT3シンクロの広告を見つけた。僕が希望するカスタムがすべて施されていた。フロントとリアのデフロックの装備、エンジンスワップ（純正の4気筒のウォーターボクサーは、パワー不足やヘッドガスケットの吹き抜けが起こりやすいことで知られる）、サスペンションのアップグレード、オフロードタイヤの装着、そして、塗装も塗りたて。オーナーは僕と同じオレゴン州ポートランドの出身で、1987年にディーラーでそのヴァンを購入し、大切に乗ってきた。広告に書かれた番号に電話をかけ、ヴァンのオーナーが電話の向こうで受話器を取った瞬間を思い出すと、今でも鳥肌が立つ。ありがたいことに、すべて確認が取れた。ついに見つけた。次の土曜日、リノの空港でオーナーと待ち合わせることになった。

天にも昇る気持ちだった。リノまでの片道の航空券を購入し、すぐに会社へ退職届を提出し、アパートの荷造りを始めた。ニューヨークでの残りの日々は夢心地に過ぎていった。僕は早速、ヴァンの改造やカスタマイズのことを考え始めていた。ウィークエンダーだったので、折りたたみ式のベッドは付いているが、キッチンとポップアップルーフは付いていない。生活できるようにするには、もう少し手を加えなければならない。小さなキッチンキャビネットと、衣類とギア用の収納を取り付ける必要があった。使えるスペースを増やすため、屋根にはルーフラックやルーフボックスを載せた。それは後に、長い旅をするのに必要なかさばる道具を収納するにも、料理をしたり寝たりする場所を確保しておくにも、欠かせないものとなった。

　1週間後、僕はアパートを引き払い、午前4時30分JFK空港に向かうタクシーに乗り込んだ。太平洋標準時の午後1時、僕はリノ国際空港の手荷物受取所で、ダッフルバッグとパンパンに膨らんだ登山用のバックパックを受け取った。そして到着ロビーに立ち、僕の未来の家がうなりを上げながらやってくるのを、今か今かと待ちわびた。その姿が見える前から、（アウディ80のエンジンに載せ替えた）直列4気筒の轟音が、ロビーに響くのが聞こえた（僕が話をしたヴァンオーナーたちの多くが、自分のヴァンを初めて見たり、その音を聞いたりしたとき、同じような経験をしたと言っていた。ヴァンを手放す不安についてたずねたとしても、きっと皆が同じように熱い思いをとうとうと語るだろう）。権利証のやりとりをして握手を交わすと、涙をこらえて抱き合うオーナーを駐車場に残し、僕は395号線を北に向かってリノを出発した。

Highway, Nevada

その後の2年間、僕はヴァンに乗って北アメリカを放浪し、ブリティッシュコロンビアからメキシコのバハまで波を追いかけ、8000マイル以上を走行した。国立森林公園や土地管理局の管轄地、友人宅の車道で眠った。人里離れた大自然の中でキャンプをすることもあれば、アメリカ中の都市や町で車を停め、ありふれた風景にまぎれることもあった。

**僕はヴァンに乗って北アメリカを放浪し、
ブリティッシュコロンビアからメキシコのバハまで波を追いかけ、
8000マイル以上を走行した。**

そして、たくさんのフォルクスワーゲン・ヴァナゴンオーナーたちと同じように、度重なる故障を経験した。気力を失いながらも、問題の原因を探ったり、レッカー車に乗ったり、僕のヴァンに手をつける勇気を持つメカニックを探したり、ヴァンの下に潜り込んだり、懐中電灯を手にしたりして過ごした時間は、ヴァンライフを本当に理解するためには、欠かせない経験であり、必要な通過儀礼であった。旅をする間、僕は注意深くヴァンの音を聞き、キーキーという音やパンという音、きしむ音やこすれる音など、ヴァンの音を聞き分けられるようになった。車で暮らすからこそできる方法で、自分のヴァンと仲良くなれた。

ヴァンは僕の移動手段であり、隠れ家であり、自由であり、可能性だった。ヴァンに乗っていて出会ったのは、それまでまったく出会ったことのない人たちだった。僕と同じく、旅をしながら生活するために、旅のあらゆる行程で、たくさんの折り合いをつけてきた人たちだ。僕が目にした美しい景色や、僕が味わったどんな楽しさよりも、ヴァンで暮らしながら出会った友人たちは、これまでも、そしてこれからも、僕の人生にずっとずっと影響を与え続けてくれるだろう。

1981 Volkswagen Vanagon Westfalia Camper GL (Gigi)
Muskoka, Ontario, Canada
Contributed by Zachery Nigel

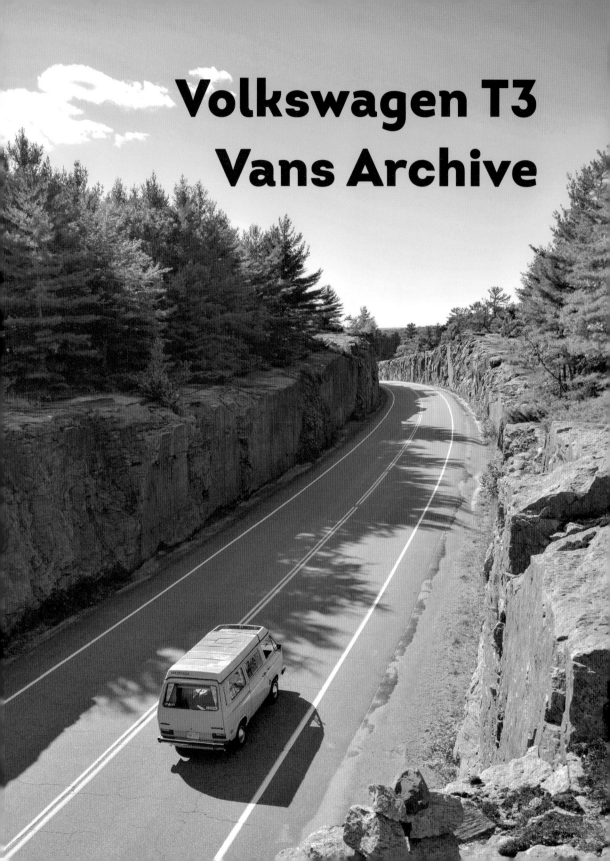

Volkswagen T3
Vans Archive

1986 Volkswagen T3 Postwagon
San Vicente, Spain
Contributed by Florian Obsteld

1989 Volkswagen T3 (Herman)
上：Tasmania, Australia
右ページ上：Sydney, Australia
右ページ下：Adelaide, Australia
Contributed by Brook James

1986 Tintop Volkswagen Vanagon (Chewy)
Austin, Texas
Contributed by Brett Lewis

1986 Volkswagen Vanagon
Nooksack River, Washington
Contributed by Evan Skoczenski

1984 Volkswagen Transporter Westfalia (Popo)
上：Cape Kiwanda, Oregon
右ページ：Yosemite National Park, California
次ページ：Saguaro National Park, Arizona
Contributed by Joanna Boukhabza and Eric Bournot

1997 Volkswagen Euro Van
Olympia, Washington
Contributed by Logan Smith

1997 Volkswagen Euro Van
Pacific City, Washington
Contributed by Logan Smith

1984 Volkswagen Vanagon Westfalia (Pushmills)
Talkeetna, Alaska
Contributed by Mike Pham

1984 Volkswagen Vanagon GL (Hayduke)
Indian Creek, Utah
Contributed by Jennifer Callahan

1981 Volkswagen Vanagon Westfalia Camper GL (Gigi)
Muskoka, Ontario, Canada
Contributed by Zachary Nigel

1987 Volkswagen Multivan Westfalia (Greta)
上／左ページ下：Furka Pass, Valais, Switzerland
左ページ上：Dolomites, Trentino, Italy
Contributed by Road for Greta

次ページ：
1981 Volkswagon Vanagon Westfalia (Poppy)
左：Cedar Breaks National Monument, Utah
右：Cathedral Gorge State Park, Nevada
下：Zion National Park, Utah
Contributed by Megan Matthers

CHAPTER 2

VOLKSWAGEN T2 AND T4 VANS

前ページ：
1976 Volkswagon
Westfalia
Joshua Tree National
Park, California
Contributed by James
Barkman

左から時計回りに：
Pacific City, Oregon;
Brookings, Oregon;
Joshua Tree National
Park, California

Lost out West:

ジェームズ・バークマンは、

個性あふれるフォルクスワーゲン・

キャンパーヴァンで、

太平洋岸北西部を

隅々まで知り尽くす。

　　黄色のT2で西海岸を駆け回るジェームズとは、かれこれ何年も連絡を取っている（簡単にはいかないが）。彼はブリティッシュコロンビアからバハまで、大自然の中で最高の波とクライミングスポットを探し続けている。自らの行動指針に厳しく従う有望な若手の冒険家であり、写真家、サーファー、スノーボーダー、オフロードバイカー、登山家、メカニックでもある彼は、自立したヴァンライフを最も純粋な形で体現している。ジェームズは最終目的地を決めず、ただひたすら移動する。次に待ち受ける最高の経験をいつでも探している。ようやく会話が実現すると、彼はこの先の旅での暮らしについて、数年にわたる予定を聞かせてくれた。

フォスター：これまでヴァンに乗っていて一番恐ろしかった瞬間は？

ジェームズ：雨の中を時速60マイルで走っていたとき、ホイールのベアリングが壊れた。ベアリングではなく、スピンドルで走っているんだ。間違いなく恐ろしかったよ。しかも、嵐の中ワシントン州タコマのそばで1月に起こった出来事だった。あれは忘れられないよ。

フォスター：ヴァンにはどんなカスタムを加えている？

ジェームズ：実は薪ストーブだけなんだ。どうしても必要なカスタムは1つもなかった。本当にすごいよ。当時作られたものを変える必要が全然ないんだ。無駄なスペースがまったくない。すべてが理にかなっている。僕はただ、シートを外してストーブを置いただけ。あとは、硬材のフローリングを張って、ヘッド温度計を設置した。でも、内装はほとんど手を加えていない。使いやすくてそのまま使っている。

フォスター：どうやって薪ストーブを思い付いた？

ジェームズ：ずっと前、インターネットの動画で、ちょっと変わったロシア人が、ボルボのワゴンの助手席に薪ストーブを置いて、屋根から煙を出しているのを見たんだ。冬にプロパンヒーターを使いたくなかったから、ヴァンで薪ストーブを使うのはすごくいい考えだと思った。それで、クレイグスリストで船舶用のストーブを探し始めて、今使っているストーブを40ドルで見つけた。足りない部品は、アーミッシュの人に作ってもらった。僕はそれを備え付けて、ボルトで留めて、窓から煙突を出す方法を考えたくらい。すごく便利だよ。取り外しは30秒。ぱっと外して片付けて、出発できる。

フォスター：ヴァンで暮らそうと決めたのはいつ？

ジェームズ：20歳のとき。その当時はインスタグラムとか、そういうものは何もしていなかった。ただ自分のヴァンが大好きで、ヴァンについて学びながら、週に5日くらいヴァンでキャンプをしていた。そのときはまだ、数名の友人とアパートに住んでいた。アパート代を払っているのに、そこには全然いないのだから、本当にばかげていたよ。そこを出て森にいる方がもっともな気がした。子どもの頃、僕が一番したかったことは、山や川や海のそばにある森で暮らすことだった。でも、僕が育ったのはトウモロコシ畑が広がるのどかな農地で、それが不満だった。僕の家族は森に小さな小屋を持っていたから、小さい頃は、できるだけそこで過ごしていた。僕にとっては、それがずっとやりたいことだったし、その考えが頭から離れたことはない。

前ページ：Olympic
Peninsula, Washington

上：Pacific City, Oregon
下：San Luis Obispo,
California

フォスター： 写真を撮り始めたのはいつ？

ジェームズ： ちょっとした動画のプロジェクトにずっと携わっていた。初めてのカメラはポラロイドで、デジタルとかのカメラが買えるようになったのはその後。だから、写真はいつも撮っていたけど、「やるぞ」と思って真剣に取り組んでいるのはここ数年だよ。

アパート代を払っているのに、そこには全然いないのだから、
本当にばかげていたよ。

フォスター： これまでで一番ひどかった故障は？

ジェームズ： 一番費用がかかったのは、メイン州でヘッドが焼けたとき。1週間立ち往生したけど、友人がヨットに泊めてくれたから、何とかなった。ただ、修理代が高かった。一番ひどかった故障か……すごくストレスを感じる場合もあるから、「一番ひどい」を決めるのは難しいな。ジョシュアツリー国立公園で動けなくなったときは、レッカー代も部品代もなかった。ソレノイドが壊れたときは、雨が降る中1人きりで、林道まで10マイルはある場所で、エンジンがかからなくなった。なんとか解決できたけど、スターターを直すのにエンジンを全部外したから、とにかく大変だった。

フォスター： 海と山ではどちらで過ごす時間が多い？

ジェームズ：（オリンピック）半島の海辺で過ごす時間の方が多いかな。山は大好きだけど、海からあまり離れるのもつらい。海から離れた場所にいて、波情報が入ってくるのを見ると、大きな波が恋しくなる。波があるときは、つい海辺に滞在してサーフィンをしてしまうから、北西部はまだ思ったほどたくさん回れていない。

フォスター：冬から来年にかけての予定は？

ジェームズ：冬の間は仕事をして、6月に仲間たちとパタゴニアへ向かう旅に出る予定。友人たちはペンシルベニア州から出発して、カナダを通って、アラスカで僕と合流する。まだ細かい部分は検討中だけど、アラスカ州デッドホースからパタゴニアまでの道のりをずっと車で下るんだ。総距離は3000マイルくらいで、自費だから特に期限はないけれど、おそらくは半年から1年くらいかかると思う。

フォスター：旅の途中でやりたいことはある？　動画を撮影する予定？

ジェームズ：本を書きたい。動画は手間がかかるんだ。本の方がいいものが作れそうな気がする。旅をしながら山にもたくさん登るから、いい動画を撮るのはすごく難しいし、もっと言うと、すべての撮影機材を運ぶのが大変なんだ。山の道具はみんな運ぶ予定だから、それだけでもたくさんだと思う。旅の間、写真を1枚も撮らないでおこうかとも思っている。ずっとやりたかった旅なのに、そこでいい写真が撮れなかったら、もったいないと思ってしまいそうだ。もちろん、そのルートを達成するのは僕らが最初ではないけれど、少し違ったやり方をしてみることはできる。

フォスター：どこか1カ所で暮らそうと考えたことはある？

ジェームズ：正直なところ、考えたことはない。僕にとって、型にはまらず生きることは、気まぐれでも流行でもない。いつだって、それが僕という人間の中心なんだ。ヴァンは目的を達成するための手段であって、目的そのものだとは思っていない。ヴァンで生活しても、ボートでも、テントでも、バイクに乗って暮らしたとしても、自分にとって価値があると思えるものを追いかけていたいし、今のライフスタイルを選んだのは、それを果たすための方法なんだと思っている。

Pacific City, Oregon

右ページ：
1977 Volkswagen Westfalia
Bonneville Salt Flats, Utah
Contributed by Callie McMullin

Volkswagen
T2 and T4 Vans
Archive

1955 Volkswagen Microbus deluxe (Samba)
American Fork Canyon, Utah
Contributed by Callie McMullin

1977 Volkswagen T2 Kombi
上：Albula Pass, Switzerland
右ページ：Davos, Switzerland
Contributed by Martina Bisaz

1978 Volkswagen Bus (Sunny)
左ページ：Mackinaw City, Michigan
左：Cle Elum, Washington
右：Medicine Hat, Alberta, Canada
Contributed by Alex Herbig

1978 Volkswagen Westfalia Champagne Edition (Oscar)
上／左ページ上：Salar de Uyuni, Bolivia
左ページ下：Puerto Chicama, Peru
Contributed by Mark Galloway and Bec O'Rourke

1970 Volkswagen Bus (The Brick)
Camp Nelson, California
Contributed by Sean Talkington

左ページ：1977 Volkswagen Westfalia
Redwoods State Park, California
Contributed by Callie McMullin

1975 Volkswagen Westfalia (Rita)
Barichara, Colombia
Contributed by Dillon Vought

1976 Volkswagen Westfalia (Sunshine)
Million Dollar Highway, Colorado
Contributed by J.R. Switchgrass

1976 Volkswagen Westfalia (Sunshine)
上：Grand Teton National Park, Wyoming
左：Bonneville Salt Flats, Utah
左ページ：Bighorn Mountains, Wyoming
次ページ：Canyonlands National Park, Utah
Contributed by J.R. Switchgrass

上：Newport Pagnell, England　下：Hossegor, France

Still rolling:

カルム・クリージーの
フォルクスワーゲンT4は、
ヨーロッパでの次なる冒険に向け、
生命を吹き返す。

何年も前になるが、カルム・クリージーのブログ、ザ・ローリング・ホーム（The Rolling Home）を見つけて、僕はとても励まされた。僕も同じく、執筆したり、写真を撮ったり、ブログを更新したりして、自分の旅を記録していたからだ。世界のはるか遠い場所で、僕と同じようなことをしている、僕と同じような人たちがいることを知って、とてもうれしくなった。イギリスを拠点とするカルムは、フォルクスワーゲンT4でヨーロッパやスカンジナビアの各地を巡り、走行距離は数万マイルに達する。書籍『ザ・ローリング・ホーム（The Rolling Home）』の出版に加え、現在は『ザ・ローリング・ホーム・ジャーナル（The Rolling Home Journal）』を定期的に発行し、キャンパーやヴァン、バスという枠組みを超え、より幅広いスケールで新たな暮らしの場を探究している。久し振りに電話で話せたのはうれしかったが、近々直接会えることも願っている。

フォスター：T4はいつ頃、どうやって見つけた？

カルム：T4の前はニッサン・バネットに乗っていたんだ。すごく変わっていて、見た目もひどいヴァンだった。色は真っ赤でね。17歳のときに700ポンドくらいで買って、カスタムした。夏にフランスへサーフィンに行くのに使って、もっと大きい車に買い替えることにした。検討していたヴァンは、プジョーのボクサー。T4は高すぎて、完全に予算オーバーだから、欲しいとは思っていなかったんだ。そうしたら、このT4が1万5000ポンドほどでeBayに出品されて。本当にいい値段だよ。1万2000ポンドで交渉すると、「ああ、大丈夫だ」と言ってもらえた。最初の夏に出かけたときは、後ろにエアーマットレスを放り込んで、イギリス中を旅した。その後は、言うまでもないよね。少しずつカスタムして、増設していった。

フォスター：あのハイトップや、カッコいい丸窓を付けたのはいつ？

カルム：ハイトップを付けたのは4年経ってから。付けるつもりは全然なかったんだけど、たまたまeBayで見つけてね。いつも通りヴァンのところをチェックしてたら、ハイトップがとても安く出品されていたんだ。6時間ほど離れたウェールズまで、スプリンターを借りて取りに行った。屋根に穴を開ける勇気が出るまで1カ月かかったけど、いざやってみたら「まさか、こんなにスペースができるとは」という感じだった。小さい丸窓は運河船で使われていたもので、これもeBayで見つけた。何か変わったことがしたかったんだと思う。昔ながらの冒険気分を味わうには最高の方法だったよ。

フォスター：僕はeBayばかり見ているよ。何でもeBayで買うんだ。

カルム：僕が今まで買った車は全部eBayだよ。eBayなしではいられないね。

フォスター：T4での走行距離はどのくらい？

カルム：入手したときは10万マイル弱で、今は21万5000マイル。でも、他の車は持っていないから、普段の運転にも使っているけどね。この車を誇りに思っているし、本の出版で得たお金で大改造をするという夢も叶った。金額としては割に合わないから、あまり経済的ではないけど、でも……。

Newport Pagnell, England

フォスター： 手放せないんだよね。

カルム： そう。まさにその通り。手放せないんだ。数年前にエンジンをリビルドした。ヘッドを新しくする必要があって、そこだけ年式が違うけど今でも調子がいい。

フォスター： モロッコとか、アフリカへ行きたいと思ったことはある？

カルム： あるよ。南アフリカまで行きたい。数年前、仕事でケニアに行ったとき、見渡す限り何もないような場所で、ドイツのスプリンター・ヴァンがオアシスのそばをのんびり走っているのを見て、「すごい。僕もここに自分のヴァンを持ってこなくては」と感じたんだ。今、計画しているところだよ。そこまでヴァンを持っていく勇気をかき集めている。

フォスター： 僕は2013年にモロッコへ行ったとき、現地でずっと「キャンパーに乗ってまた来よう」と考えていた。波が最高だし、カッコいいキャンパーをたくさん見かけるし、モロッコを旅して回るには最高の方法だよ。

カルム： ヨーロッパの人々にとって、モロッコは昔から「太陽が沈む」道の果てだった。フランスやスペインを通ってモロッコへ行く道は、昔から多くの往来がある。僕もフェリー乗り場までは行ったけど、まだ乗ってはいない。行きたい場所が残っているって、うれしいことだね。

フォスター： ヨーロッパはそこがいいよね。ヨーロッパ大陸へ渡れば、そこからどこへでも行ける。車で回るのも簡単だし。

カルム： そう言われればそうだね。1日に5カ国を運転したりするよ。文化や言語も実に様々。本当に素晴らしいよ。スカンジナビアを1周してからは、北欧の雰囲気にすっかり魅了されている。

Cornwall, England

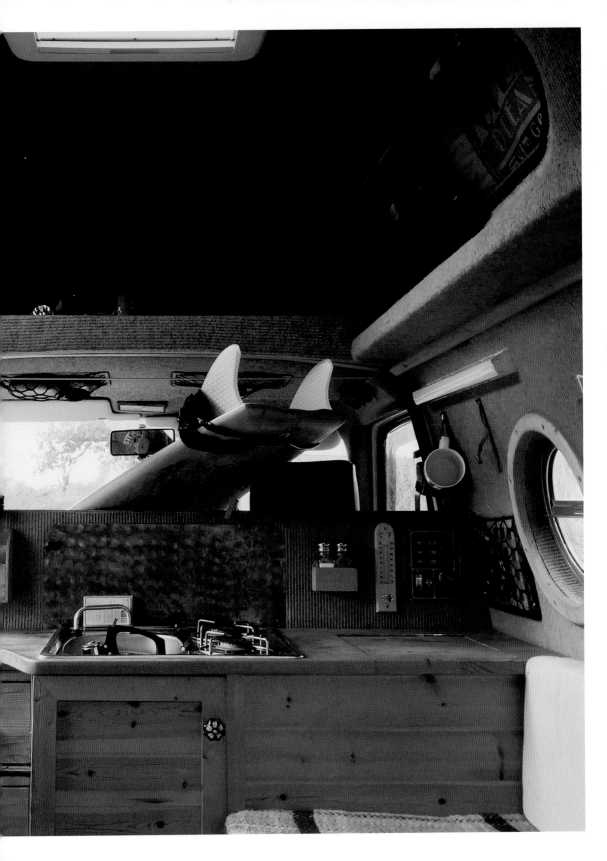

フォスター： 北欧は行ったことがないんだ。すごく行ってみたい。最高だろうな。

カルム： ヨーロッパの中では一番、ヴァンで過ごしやすいところだよ。好きな場所でキャンプできるし、好きな場所に車を停められる。特にスウェーデンは、車のカスタムについてとても進歩的な取り組みをしていて、アウトドアが文化の中で大きな役割を担っている。

フォスター： イギリスの駐車事情は？

カルム： 本当にひどいものだよ。特にここコーンウォールでは、少しでも空いた土地があると、必ず「キャンプ禁止」の看板が立っている。とはいえ、思い切ってやってみれば、たいていは上手くいく。最悪の場合でも、土地の所有者に明け方車のドアを叩かれるくらい。若い頃、デボンでサーフィンをしていたときは、そんなことがよくあった。同じ場所に停めていたら、いつもそこの農場主に朝ドアを叩かれるから、それをモーニングコール代わりにしてたんだ。

僕たち人間は、本質的に渡り鳥なんだ。

フォスター： 今はヴァンを降りて、アパートに住んでいるの？

カルム： 3月に旅を始めて、ずっとヴァンで暮らす予定だった。でも3カ月旅をしてみて、1カ所にいる方がはるかに楽だと気付いたんだ。何とかはなるけど、長期になってしまうと上手くいかない。それに、あの特別な感覚が消えてしまう。ヴァンは逃避の手段だから、そこを仕事場にするのは絶対におかしい。いいことだとは思えないんだ。

フォスター： 僕がヴァン暮らしに大きな魅力を感じるのは、これまでに出会ったすべての人々やコミュニティのおかげなんだ。

カルム： もちろん。親友になった人たちもいる。ヨーロッパが最高なのは、スペイン北部でドイツ人の旅行者と出会ったら、その後ドイツを旅するときに一緒に回れることなんだ。すごく楽しいよ。

フォスター： 君にとって「家」と「移動」では、どちらの考え方が重要？

カルム：実際には、ヴァンであってもそれ以外でも、その中で時間を過ごそうと決めた乗り物なら、その両方を満たす可能性を持っている。どちらかに決める必要はない。家と呼べる場所があって、それを自分の好きな場所へ連れていける。それは、キャンパーヴァンで小旅行に出かける人でも、トラックでずっと生活する人でも、僕らみんなが発見できる魔法なんだ。

　僕たち人間は、本質的に渡り鳥なんだ。僕らの先祖は遊牧民だった。食べ物や安全な野営地を探して、土地から土地へと移動した。乗り物を家にすると、僕らの中のそうした原始的な部分にスイッチが入って、そこが機能するようになる。新しい場所で目を覚ますたびに、それを実感できる。素晴らしいことに、今はかつてないほどたくさんの人たちが、そうした人間の本質的な部分に気付くようになっている。

Hossegor, France

CHAPTER 3
SPRINTER VANS

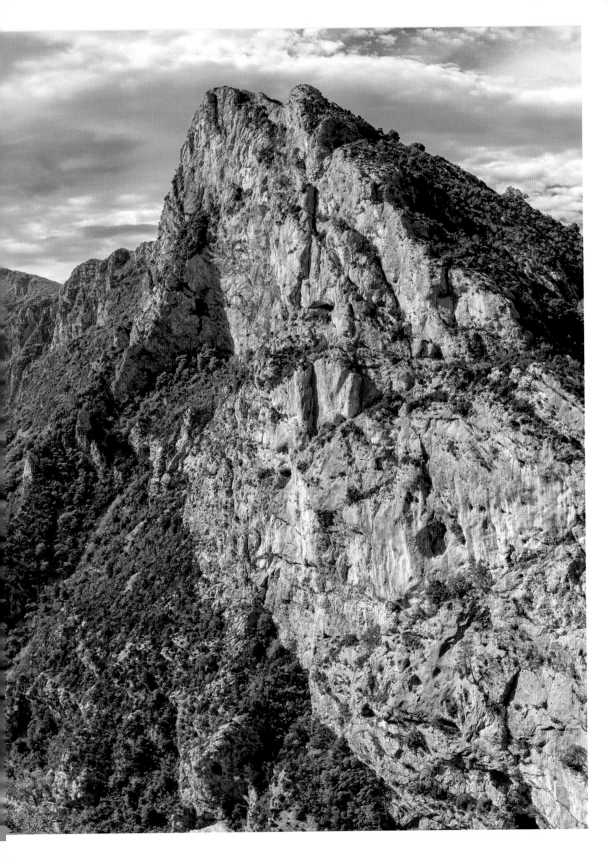

前ページ：
2008 Mercedes-Benz
Sprinter L2H2
Gorge du Verdon, France
Contributed by Jens
Hruschka

上／下：British Columbia,
Canada

On the edge:

サイラス・ベイ・サットンの改造スプリンターは、境界線のすぐ外で、シンプルな安らぎと静かな仕事場を与えてくれる。

　　サイラスは手加減を知らない。映画製作者、編集者、ライター、イノベーターとして、アクセルから決して足を離さない。彼にとってヴァンでの暮らしは、クリエイティブな情熱を解放すること——すなわち、目的のための手段なのだ。だから彼は、車での生活に理想を抱き過ぎる僕らに、まったく新しい価値観をもたらしてくれる。彼は理想よりも、現実やノウハウ、DIYを使った解決策、そして、10年に及ぶヴァンライフの経験からこそ得られた知識に目を向けている。僕はサイラスの自分への厳しさが好きだ。彼のスプリンターは逃避の手段ではない——解決のための道具であり、移動可能な仕事場であり、集中するための静かな場所であり、個人的・経済的に自立するための行動なのだ。僕らの道は交わることが多い。彼の知識を惜しみなく分けてもらえて、僕は本当にしあわせだ。

フォスター：最初はどんなヴァンだった？

サイラス：初めてヴァンで暮らしたのが2005年。そのときは電気技師が使うパネルヴァンだった。窓がなくて、工具棚が付いていた。前のオーナーが、バハ1000というオフロードレースのサポートカーにするのに少し改造していて、ごついサスペンションと、オフロード用のタイヤとホイールが付いていた。22歳のとき、そこで暮らし始めた。

フォスター：そのときは、西海岸を旅しながらサーフィンをして暮らしていたのとは違うよね。君はたしか、仕事で南カリフォルニアにいた気がする。旅をするための車じゃなくて、アパート代わりの車だったよね。

サイラス：大体いつもそうだよ。僕はみんなから、あちこちを冒険しながら壮大な国立公園で暮らしていると思われている気がする。でも車で暮らすのは、あくまで目的を達成するための手段であって、僕が本当に好きなのは映画作りと執筆なんだ。ヴァンでの暮らしは、いつもそのための場所を与えてくれる。インスピレーションを得るために、場所を変えるんだ。なかにはすごく時間のかかるプロジェクトもあって、長時間パソコンの前にいると気分がどんよりしてきて、それがいつも仕事の邪魔になる。夜中に新しい場所まで車を走らせて、ドアを開けたり、外で時間を過ごしたりすると、すごく気持ちがいい。

　人里離れた大自然じゃなくてもいいんだ。僕はいつも、地元の山やロサンゼルスの砂漠へ出かけた。あまり知られていない地域へいろいろ行った。ガイドブックに載るような場所じゃない。僕が1人きりになれる、忘れ去られた場所だ。地元の食料品店には行ける。インターネットにもつながるし、仕事もできる。

僕が1人きりになれる、忘れ去られた場所だ。

フォスター：それじゃあ、仕事をするために移動するんだね。君は砂漠へ行って、ノートパソコンで編集をするのが好きだよね。大変なプロジェクトに取り組みながら、自分をリセットして、前向きでいるための方法だったのかな。

サイラス：そう。編集はすごく単調な作業なんだ。ヴァンを手に入れる前は、バハでたくさんの時間を過ごした。ヴァンを手に入れたら、そこへ行ってある程度仕事もできるようになった。その頃は、自分の作品──『アンダー・ザ・サン（Under The Sun）』というオーストラリアが舞台のサーフィン映画──の膨大な編集作業をしていた。16ミリフィルムで撮影して、フォトショップやアフターエフェクツで、アニメーションやロトスコープのやり方を独学した。ものすごく手間のかかる作業で、7秒を制作するのに1週間かかったんだ。全編にそれを盛り込みながら、1時間の映画を作った。

High Desert, California

オレンジカウンティにいたときは、最初の3年はヴァンで暮らして、フィルム制作の依頼主だったコスタメサにあるレコード会社の駐車場で眠っていた。毎朝サーフィンして、ビーチにも職場にもすぐ行ける最高の環境だった。トイレやシャワー、ひげそりは、24時間営業のフィットネスクラブで済ませた。何もかもがシンプルだった。敷金もいらない。家賃もない。ヴァンは現金で買ったから、かかるのは食費とガソリン代だけ。そのおかげで、お金も貯まったし、仕事もはかどった。

フォスター：それで、貯金をして、家を買って、ローンサイクルに陥らずに済んだということ？

サイラス：そう。それで、家を買って、自分の土地に木を植えるという、今の暮らしができている。だから今は、君の家の近く（太平洋岸北西部のコロンビア川峡谷）に住んでいるよ。僕がよく出かけて行って、車を停めていたような場所だ。僕はいつも、町から20分か25分ほど離れた、食料や日用品は買いに行けるけど、自然の安らぎと静けさは残っているような場所を探していた。ヴァンならいつでもそうした場所へ出かけていって、それから町に寄って、ミーティングをしたり、編集会社へ行ったり、仕事を受け取ったりできた。夜を越すこともできた。疲れたら昼寝もできた。ヴァンの後ろに飛び乗って、心地いい隠れ家の中にいれば、南カリフォルニアにいても、それほど息苦しくはなかった。

フォスター：ヴァンのカスタムについて聞かせて欲しい。以前、少しずつ改良を加えるごとにヴァンが使いやすくなっていく様子を、まるで目の前にニンジンをぶら下げられているようだと話してくれたのは面白かった。

High Desert, California

サイラス：ああ。でもそれは、思い返せばそうだったということで、そうしようと思ったわけじゃなかったんだ。自分が何を手にして、そこから何を学んだかという話だった。僕は初めて手に入れたヴァンのひどい設計がすごく好きだった。「快適さ」というのは、間違いなく相対的な言葉だと思う。僕にとって、ヴァンでの暮らしは快適じゃない。家で暮らすほど快適ではないけど、そうした快適さと引き換えに、僕は自由と柔軟性を手に入れた。今僕たちは、とても広くて快適な場所で生活して、世界へ出ていくとひどく無防備さを感じるという、まったくの正反対な2つの状況の中で生きていると思う。

　でも、もしヴァンに乗って生活しながら仕事をしたり、旅をして、創造的なことをして、毎日違う場所を職場にしたり、起業家かフリーランスだったりするのなら、絶えずいろいろな道を進み、いろいろな場所で仕事をしているはずだから、ヴァンに乗ることがライフスタイルの中心になる。渋滞を通って帰宅するのとは対照的に、快適さに近いものをいつも感じていられる。ヴァンなら渋滞は避けられる。僕は週末に田舎へは行かない。他のみんなとは逆のことをするんだ。ヴァンに乗っていれば、みんなと同じ行動パターンから、比較的簡単に抜け出せる。

フォスター：それじゃあ、ヴァンはどんなふうに進化してきた？

サイラス：最初に入手したヴァンの設計は本当にひどかった。棚はただ場所を取るばかりだったし、たくさん荷物を置いても固定ができないから、いつも荷物が落っこちていた。木の板の上にラバーメイドのプラスチックのゴミ箱を置いて、大量の荷物を詰め込んで、ゴムのロープで留めていたけど、それも上手く固定できていなかった。あとはベッド用に板を1枚取り付けていただけ。キッチンもなければ何もない。使い心地は最悪だった。いつも荷物をまたいで歩いていたし、いろんなものがガタガタ揺れていた。整理してきれいにしても、運転後にはまたうんざりして、ごちゃごちゃした状態の中で暮らしていた。

Malibu, California　右ページ：Encinitas, California

時間はかかったけど、少しずつ片付いていった。荷物もまとまってきたけど、とにかく自由を手放したくなかったし、1カ所に住みたくもなかった。ヴァンをどうにかしたかった。大きな転機となったのは、古いミルクトラックに30年住んできたグレン・ホーンと一緒に、内装に手を入れたことだった。彼が全体を上手くまとめてくれた。キッチンスペースとベッドスペースに収納を作ったから、すごく片付いた。「去るものは日々に疎し」という通り、見えなくなれば、気にならない。頭の中までごちゃごちゃになることもなくなった。僕は日本で長く暮らしたことがあるんだ。子どもの頃、父が日本で外国語指導の仕事をしたことがあって、それから毎年訪れている。日本では、いろいろなものにいくつもの役割があるから、10分の1しかスペースがなくても狭いと感じない。布団は畳んでしまえるし、壁も固定されずに引き戸で仕切られている。とても効率が良くて、しかも気持ちが落ち着くんだ。

フォスター：ヴァンを持っていない自分を想像できる？　つまり、自分が脱出ポッドのようなものを持っていない状況は考えられる？

サイラス：想像できないよ。ヴァンで旅に出るのは、使い慣れたリセットボタンを押すようなもの。静かな旅の日々は、人生がどんな状態にあったとしても、たくさんのものを与えてくれる。だから僕の家の前には、必ず脱出ポッドが置いてあるはずだよ。

High Desert, California

右ページ：
2005 Renault Master LWB (Walter)
Mazarron, Spain
Contributed by Freddy Thomas and
Gabriela Jones

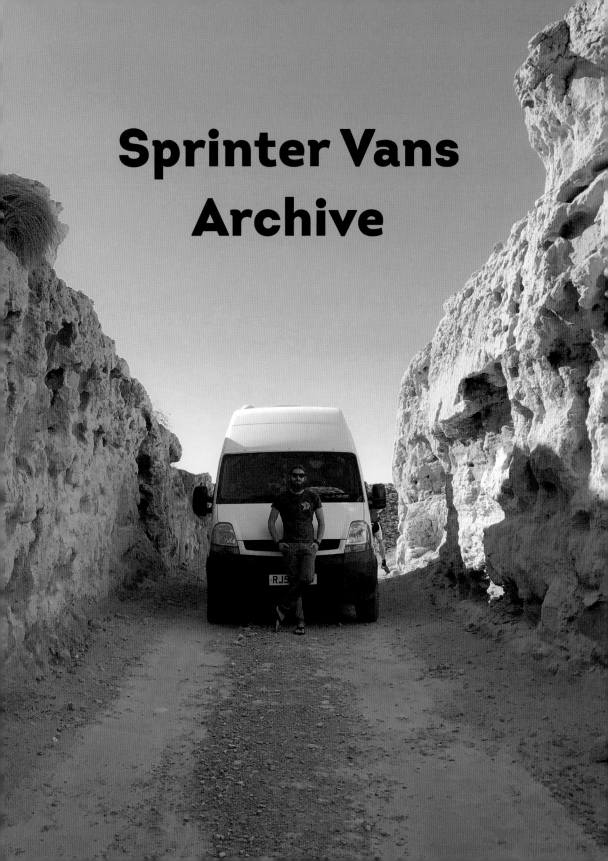

Sprinter Vans
Archive

2005 Renault Master LWB (Walter)

上：Alentejo, Portugal

右ページ：Brittany, France

Contributed by Freddy Thomas and Gabriela Jones

2011 Peugeot Boxer (Betsy)

上：Northern Spain

右ページ：Biarritz, France

Contributed by Emma Walker

2008 Mercedes-Benz Sprinter L2H2
上：Oetztal, Austria
右ページ：Wolfgang, Austria
Contributed by Jens Hruschka

Mercedes Sprinter (The Bunkhouse Road-Tripper)
Herefordshire, England
Contributed by Bill Goddard

2005 Dodge Sprinter 2500
上：Punta Colonet, Mexico
左：Mammoth Lakes, California
左ページ：Bahia de los Angeles, Mexico
Contributed by Tommy Erst

2003 Dodge Sprinter 2500
上：Banff National Park, Alberta, Canada
右ページ：Pacific City, Oregon
Contributed by Jace Carmichael

2005 Mercedes-Benz Sprinter 313 CDI (Lagopna)
Sunshine Coast, Queensland
Contributed by Beau van der Werf

2016 RAM ProMaster
上：Glacier National Park, Montana
右ページ：Jackson, Wyoming
Contributed by Thomas Woodson

2003 Renault Trafic L2H2 1.9DCI
上：Ubiñas Natural Park, Spain
左ページ：Verdicio Beach, Spain
Contributed by Sergio Garcia Rodriguez

2002 Toyota Hiace Hi-Top Campervan (Hilda)
上：Puponga New Zealand
右ページ上：Mount Cook, New Zealand
右ページ下：Waitaki, New Zealand
Contributed by Amy Nicholson

2004 Dodge Sprinter (Sonders)
上：Asheville, North Carolina
右ページ上：Cocoa Beach, Florida
右ページ下：St. Augustine, Florida
Contributed by Taylor Bucher and Peter Thuli

2008 Ford Transit (Rusty)

上：Mount Ruapehu, Tongariro National Park, New Zealand

右：Piha, Auckland, New Zealand

右ページ上：Havelock North, Hawkes Bay, New Zealand

右ページ下：Waimarama Beach, Hawkes Bay, New Zealand

Contributed by Jonathan Edward Johnston

CHAPTER 4

AMERICAN VANS

前ページ：
1985 GMC G2500
Vandura 5.0 L V8 (Van)
Cape Perpetua, Oregon
Contributed by Michael CB
Stevens

左から時計回りに：
Owens River Valley,
California; Alabama Hills,
California; Santa Barbara,
California

Searching the great unknown:

大学生のショーン・コリアは、
彼のGMCヴァンデューラが、
クリエイティブな未来を開く
鍵だと知っている。

　振り返っては不思議に思うのだが、僕はどうしてもっと早くヴァンを買わなかったのだろう。どうして高校時代、初めての車をヴァンにしなかったのだろう。どうして大学時代、貯金をかき集めてヴァンを買わなかったのだろう。ヴァンがあれば、僕の人生は間違いなく変わっていただろうし、10代や20代の前半に、素晴らしい旅や体験ができたはずだ。覚えておいて欲しいのは、初めてのヴァンだからといって、希少なフォルクスワーゲンや最高に素敵なキャンパーを買う必要はないということ。自分のヴァンは自分で作っていくものだし、どんなヴァンだって構わない——コンパクトなワンボックスでも、ミニヴァンでも、アメリカ製の標準的なヴァンでも。サーファーであり、写真家であり、旅行家でもあるショーン・コリアが飛び乗ったのは、まさにそうしたヴァンだった。カリフォルニア州サンタバーバラ出身の大学生であるショーンに、彼の1995GMCヴァンデューラについて話を聞いた。

フォスター：どんなタイプのヴァンに乗っている？　どうしてヴァンを買いたいと思った？　どうやって見つけた？

ショーン：僕のヴァンは、1995GMCヴァンデューラで、エクスプローラーモデル。昔からずっと、カッコいいフォルクスワーゲンのヴァンの写真をたくさん見てきて、その流れで、今度は自分のヴァンを探し始めたんだ。高校生にも現実的で、僕のニーズも満たしてくれるようなヴァンを、クレイグスリストやTheSamba.com（フォルクスワーゲンのファンサイト）で、夜遅くまで探していたのを覚えている。でも、ヴァンは別の方法で手に入った。僕の母はアメリカ自動車協会の保険代理店をしていて、あるとき、年配の男性が車に保険をかけに来た。その人がもう乗らない古いヴァンを処分する予定だと聞いた母が、僕が興味を持つかもしれないと伝えてくれた。その翌日、僕はグローブボックスに銀行振出小切手を入れて、急いでサンタバーバラを出発し、ロサンゼルスへ向かった。一目惚れだった。走行距離が少なくて価格もすごく良心的で、僕はそのヴァンに飛びついた。90年代に大家族がアメリカ横断に使ったようなヴァンだった。テレビとNINTENDO64まで付いていた。旅に出たらそんなにゲームはしないだろうと思ったから、それは取り外して収納スペースにした。

フォスター：内装はどんな感じ？　カスタムはしている？

ショーン：ヴァンの中はとにかく広いから、かなりのカスタムができると思う。でも、ヴァンがいい状態で手に入ったし、折りたたみ式のベッドも付いていたから、カスタムにはそれほどお金と時間をかけなかったんだ。ただし、キッチンと、サーフボードを載せる特注のルーフラックと、ゲスト用の広いスペースには少し手をかけている。以前、友人とサーフトリップに出かけたときには、外が寒かったから、4人揃って、6枚のサーフボードと一緒に、ヴァンの中で眠ったこともある。ヴァンの室内では、眠るか、料理をするか、あとは時々、映画の上映会も開いたりする。そんなふうに過ごすうちに、もっと居心地が良くなるように内装をカスタムしたいと思うようになってきた。今年の夏には作業を始めたいんだ。

Alabama Hills, California

上：Ventura, California　下：Owens River Valley, California

フォスター： ステルスキャンプ（野営地でない場所でのキャンプ）をすることはある？　やってみてどんな感じだった？

ショーン： このヴァンはステルスキャンプにぴったりだから、気付けばもう何度もしているよ。町や海岸沿いの駐車場で眠るときは、夜になったら分厚いカーテンを閉める。ポップアップルーフも付いていなくて、どこでも見かけるようなヴァンだから、隠れて泊まるには最高なんだ。一度だけ警察に声をかけられたけど、そのときも、ただ別の場所を見つけるように言われただけだった。

フォスター： 初めての旅はどこへ出かけた？　ヴァンの走りはどうだった？

ショーン： ヴァンを手に入れたときは、あまりにうれしくて、家から数分の距離を運転しては、海岸に車を停めて眠った。友人たちと一緒にビッグサーへサーフィンに行ったのが最初の旅で、そこで僕はたちまち、ヴァンでの暮らしに心を奪われた。舗装していない道を走るのも大好きなんだ。このヴァンは、かなり本格的な砂利道でも走りこなす。カリフォルニア州サンタバーバラ近郊のロスパドレス国立森林公園や、僕の一番好きな場所であるイースタンシエラの山々では、相当な距離の山道を走り抜いた。

僕はたちまち、ヴァンでの暮らしに心を奪われた。

フォスター： ヴァンの信頼性は高い？　旅先で大きな故障を起こしたことはある？

ショーン： 所有して3年になるけど、ありがたいことに、旅先で大きな故障を起こしたことは一度もない。常にメンテナンスをしているし、年数が経つごとに調整を加えているけど、修理に大金を使わずに済んでいるのは運がいい。友人の力を借りながら、自分で整備しているんだ。

フォスター： できたら変えたいと思う部分は？

ショーン： 変えたいと思うのは──他のヴァンオーナーたちと同じく──燃費かな。燃費の悪さが問題だから、そのときの財布の事情によっては、旅の計画を考え直す必要が出てきてしまう。でも、それがヴァンライフだよね。

フォスター： このヴァンを手に入れたことで、今はどんな未来が見えている？

ショーン：残念ながら、今はまだサンタバーバラの大学に通っているから、空いた時間に旅をしたり、写真を撮ったりしている。来年の5月に卒業したら、時間を取って、ヴァンで暮らしながら、アメリカ中を旅しようと計画している（母さんには内緒だよ）。フルタイムの仕事に就くのはまだ早い気がする。見てみたいものがたくさんあるんだ。

フォスター：ヴァンを手に入れてからの一番の思い出や出来事は？

ショーン：ヴァンを持っていて一番良かったと思うのは、新しい人たちと出会ったり、最高の仲間たちと思い出を作ったりする機会ができたこと。幸せなことに、同じようなライフスタイルを選んだ人たちと旅先で出会って、今ではその人たちが親友と呼べる存在になっている。ヴァンライフという文化の周辺には、間違いなくコミュニティができていて、働く場所や社会の決まりにとらわれずに生きる人たちがたくさんいて、自然の中にいたい、楽しいことをしたいと考えている。ヴァンに乗ってあちこちへ移動したり眠ったりしていれば、そうした生き方が実現できるんだ。

Big Sur, California

右ページ：1969 Dodge A108 (Irwin)
Ocean Park, Washington
Contributed by Mary and Joel Schroeder

American
Vans
Archive

1974 Bedford CF (Bev)
St. Andrews, Canterbury, New Zealand
Contributed by Capucine Couty

1976 Dodge Tradesman 200 (Free Monkey)
Dinosaur Provincial Park, Alberta, Canada
Contributed by Tiphaine Euvrard

1976 Dodge Tradesman 200 (Free Monkey)
Quebec, Canada
Contributed by Tiphaine Euvrard

1976 Dodge Tradesman 200 (Free Monkey)
Quebec, Canada
Contributed by Tiphaine Euvrard

1994 Ford E-150
Malibu, California
Contributed by Brian Peck

左ページ：
1996 Ford Econoline (The Struggle Bus)
Arches National Park, Utah
Contributed by Grant Koontz

1995 Ford Sportsmobile (Tatanka the White Buffalo)
上：Zion National Park, Utah
右ページ上：Capitol Reef National Park, Utah
右ページ下：Pacific Coast Highway, California
Contributed by Jane Salee and Casey Siers

1985 GMC G2500
Vandura 5.0 L V8 (Van)
Oregon Coast
Contributed by
Michael CB Stevens

2002 Chevrolet Astro (Freedom Van)
Garberville, California
Contributed by Rachel Leah Burt

2002 Ford E-350 (Pork Chop)
右ページ上：San Simeon, California
右ページ下：Yosemite National Park, California
Contributed by Ross Nicol

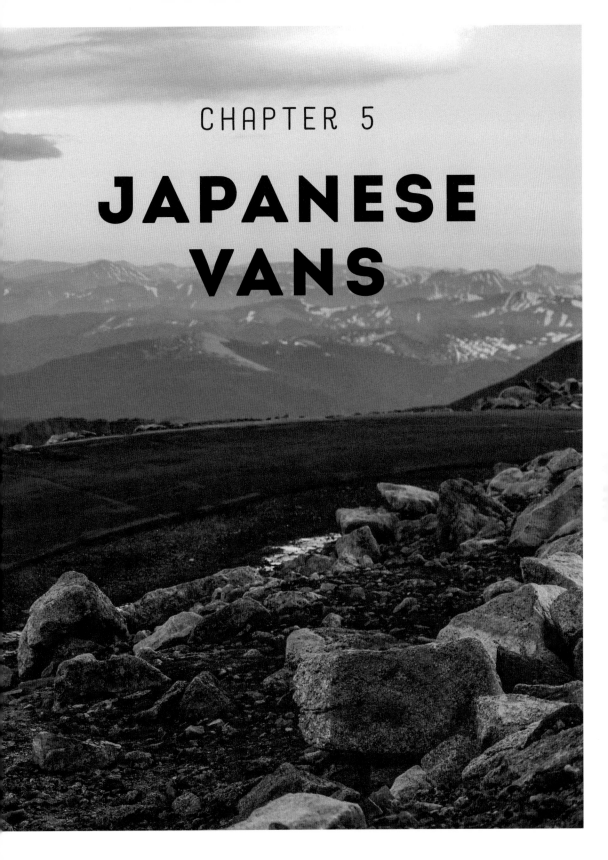

CHAPTER 5

JAPANESE VANS

Hardscrabble Pass, Colorado

前ページ：1987 Toyota Van (Right Lane Rhino), Evergreen, Colorado; contributed by Marianne Brown

The gift that keeps giving:

キャスリーンと
グレッグが譲り受けた
4×4トヨタ・ヴァンは、
長年にわたりメリットをもたらす。

　5000ドルから7000ドルの予算でヴァンを買うとしたら、僕が最初に探すのは80年代のトヨタ・ヴァンだ。信頼性が高く、コンパクトで、燃費が良く、4WDの性能も高い。フォルクスワーゲンのヴァンと同じく、ホイールベースが最大限に活用されていて、運転席はフロントタイヤの真上にある。そのため、内部空間を限界まで広く使えて、高速道路での視界も良い。キャスリーンとグレッグ、そして2匹の愛犬ブレーズとピーチズは、そんな誰もが羨むトヨタ・ヴァンで旅をして暮らしている。今は次の冒険の準備に向け、カスタムの最終段階だ。

フォスター：ヴァンのメーカーとモデルは？

キャスリーン：1987年式のトヨタ・ヴァン。日本ではスペース・クルーザーと呼ばれているけど、アメリカでは単にヴァンとかヴァンワゴンと呼ばれるモデルよ。

フォスター：トヨタ・ヴァンに決めた理由は？

キャスリーン：トヨタの4×4が欲しいと思っていて、シェル付きのタコマのカスタムカーが気になっていた。タコマは今でもいいなと思うけど、トヨタ・ヴァンを見たときに、私たちが欲しかったのはこれだと思ったし、値段も申し分なかった。4輪駆動だし、飛行機みたいな窓が付いているところがすごく個性的で魅了されたわ。

フォスター：それまで乗っていた車と比較してどう？

キャスリーン：グレッグはニュージーランドにいたとき、2車種のトヨタのヴァンで生活したことがあって、耐久性の良さは知っていた。パワー不足で、オーバーヒートしやすいこともわかっていた。だから、グレッグは我慢強さを身に付けていたし、運転や整備のときには、ヴァンをやさしく扱うの。これまでの旅で、私もヴァンの個性がわかってきたから、怒りは自分自身に向けられるわ。
「ドライバーのための設計」という意味では、フォルクスワーゲンの1997ジェッタGLXに近いものを感じる。車と関係を築いているような感じなの。たくさんの時間を共有したわ。車とつながりを持つと、車を大切に扱うし、車の存在がとても大きくなる。

フォスター：どうやって手に入れたの？　ストーリーを聞かせて。北米ではめずらしい貴重なヴァンだよね。

キャスリーン：まさにヴァンの方からやってきてくれたの。私たちは、ある家庭の裏庭にキャンパートレーラーを置かせてもらって、そこで1年ほど過ごしたのだけど、お別れのときにこの車をもらったの。もう少しでスクラップ場に送られるところだった。修理して、第2の人生を与えようと思う人は多くなかったのね。私たちがそのヴァンに乗るという条件で、無料で譲ってくれた。私たちは、土地を買ってキャンパートレーラーを置くことにしたから、ヴァンも一緒に連れていった。

Arapaho National Forest, Colorado

フォスター：ヴァンで暮らすために、どんなカスタムをした？

キャスリーン：どんな季節にも対応するようにカスタマイズしたわ。こだわったのは断熱で、遮熱材を敷いてから厚さ2インチの発泡スチロールの断熱材を敷いて、その上にもう一度遮熱材を敷いて、気密テープでとめた。そして、その上を表面の粗い杉板で覆った。このレベルで断熱をすると、箱の中に箱を作ることになるから、ドアを3カ所作らなくてはならなかった。1つは運転席とベッドスペースの間、もう1つはスライドドアの内側、もう1つはバックドアの内側。あとは、スーリーの21立方フィート（約600リットル）のルーフボックスの上に、80ワットのソーラーパネルを取り付けた。大きくて細いタイヤに変えたから、クリアランスも広くなったし、燃費も向上して、雪道も走れるようになった。

ロードトリップには2匹の愛犬、
ブレーズとピーチズをいつも連れていく。

フォスター：ベッドスペースはどうやってカスタムした？　何人まで泊まれる？　人間以外の仲間も一緒に旅をする？

キャスリーン：ヴァンをもらったときは、ベンチシートが2列付いていて、それを倒すとベッドになったの。旅先でそのベッドを使って、後部で眠ることもできたけど、あまり快適じゃなくて。だから、そのシートは取り外して、DIYで作ることにした。

　必要なときには、真ん中の列のベンチシートは使えるように設計した。だから4人がシートベルトを締めて旅ができる。あとは、3つに折りたためるフルサイズのマットレスを積んでいるから、眠るとき以外はベンチとして使える。寝る準備をして、マットレスを広げると、ヴァンの後部スペース全体にマットレスが敷き詰められる。

　ロードトリップには2匹の愛犬、ブレーズとピーチズをいつも連れていく。フロントシートの後ろに犬用のベッドを置くスペースを作ったから、2匹も外や私たちの様子を見ながら、快適に旅ができる。

Grant, Colorado

フォスター：砂利道での走りはどう？

キャスリーン：このヴァンは、軽度から中程度のオフロードを四輪駆動で走るのに最高。どこでも行けるわけじゃないけど、ほとんどの場所なら大丈夫。突然、四輪駆動向きの難路に出くわしたとき、オフロードの性能はうれしい驚きだった。

フォスター：このヴァンで出かけて、一番思い出に残った旅は？

キャスリーン：グレッグの一番の思い出は、美しい秋の午後、コロラド州のロスト・クリーク・ウィルダネス周辺にある国立森林公園をドライブしたこと。険しすぎないけれど、ある程度難易度のあるオフロードだったおかげで、他のエリアより人も少なかった。トレイルコースの入り口まで山道を入って、そこに車を停めて、翌日の朝までトレッキングに出かけたりもした。

　私の一番忘れられない思い出は、コロラド州のアラパホー国立森林公園で、友人たちとオフロードを走ったこと。2人の子どもたちを乗せた友人のフォードF150の後を追って、山道を走っていたの。すごく険しい道に差しかかったとき、友人の車が山を滑り始めた。何とかハンドルを切って、斜面をまっすぐに下れたから、幸いにも同じ道を下まで降りることができた。子どもたちも乗っていると知っていたから、本当に恐かった。ヴァンからその様子を見ているしかなかったから、自分たちの無力さも感じたわ。でも、彼はとっさの判断で態勢を立て直した。

フォスター：小型のヴァンのカスタムに興味がある人へアドバイスするとしたら？　できたら変えたいと思う部分はある？

キャスリーン：自分の快適さのレベルに合わせて断熱することと、カビが生えたり腐ったりしない素材を選ぶことが重要。スペースは狭くなるけど、夏や冬の時期には、断熱をしすぎて後悔することはまずないわ。

Arapaho National Forest, Colorado

私たちの車は、エンジンルームが運転席の下にある。だから、カスタムするにあたっては、エンジンルームが開けられるように、居住空間の方にシートを倒せる設計にする必要があった。元々はフォークリフト用のエンジンだから、信頼性は高いけどパワー不足。もし効果があるなら、エンジンの空気量を増やして、ラジエーターを大きくしたい。残念ながら組み込み式だけど、そのおかげで運転中にスピードをゆるめてブレーキを踏もうと思い出せるわ。

フォスター：小さなヴァンに乗って暮らしたいと考えている人にアドバイスを。

キャスリーン：覚えておいて欲しいのは、ヴァンをカスタムするのは、その中で暮らすのではなく、その外で暮らすためだということ。まずは自分のライフスタイルに合った冒険を選んで、ヴァンはその次。冒険仕様の車は旅には重要なものだけど、その外で過ごす時間にはさらに大きな価値がある。

　小さな車は、町でもオフロードでも運転が楽。ヴァンライフの達人たちは、もっと小さな車にすれば良かったと考えていることが多いわ。スペースが狭い方がカスタムが簡単という点は、私たちも同感よ。大きな町で駐車場を探したり、ステルスキャンプをするのも問題ないわ。

Arapaho National Forest,
Colorado

右ページ：
Toyota Previa
Baja California, Mexico
Contributed by Foster
Huntington

Japanese
Vans
Archive

1991 Toyota Lite Ace Camping
上：Asahidake, Hokkaido, Japan
左ページ：Haboro City, Hokkaido, Japan
Contributed by Hayato Doi

1990 Mitsubishi Delica
(Gwenn)
Lake Pukaki, New Zealand
Contributed by Lara Edington

1984 Toyota Van (The Dream Journey)
Humboldt Redwoods State Park, California
Contributed by Ian Harris

1987 Toyota Van (Right Lane Rhino)
Evergreen, Colorado
Contributed by Marianne Brown

1996 Daihatsu Hijet
左：Mülheim an der Ruhr,
Germany
上：Ajo, Spain
右ページ：Fumay, France
Contributed by Daniel Kalinowski

1999 Mitsubishi Delica Spacegear (Ziggy)
Stanley, Tasmania
Contributed by Julia Vasilevskaya

1999 Mitsubishi Delica Spacegear (Ziggy)
Emu Bay, Kangaroo Island, South Australia
Contributed by Julia Vasilevskaya

CHAPTER 6

SCHOOL BUSES

Santa Barbara, California

前ページ：2000 GMC Bluebird Mini (Sasquatch), Big Water, Utah; contributed by David Waugh

Back from The Dead:

異色のサーフボードシェイパー、ライアン・ラブレースの改造スクールバスは、カリフォルニア州のセントラルコーストに安住の地を見つける。

時々、ヴァンの神様がほほ笑んで、謎めいたクレイグスリストの広告に導かれ、その後の人生がすっかり変わってしまうことがある。僕は5年前、サンタバーバラでライアン・ラブレースと出会った。僕は彼の作るサーフボードに感動したが、彼が暮らすコズミック・コライダー──1948年式シボレー・バスの屋根に、フォルクスワーゲンのヴァンの車体と、DIYのスリーピングロフトが載っている──には、さらに感動した。それまでに僕が旅先で目にしたどんなものとも違っていた。完璧な機能を備える家であり、走る芸術作品でもあった。ライアンは僕の知り合いの中でも、最も陽気で勤勉な人物の1人であり、彼のボードデザインは、世界中の熱心なサーファーたちに切望されている。彼は壮大な計画を思い付き、しかも、それを実行に移す。彼の素晴らしいシェイピングや、あらゆるものに対する人生観は、僕自身の人生の原動力にもなっている。

フォスター：どうやって「コズミック・コライダー」を見つけた？

ライアン：オーストラリアで友人のソファで凍えていたとき、クレイグスリストの中古車のカテゴリーで見つけたんだ。「改造したスクールバス」と書いてあったかな。写真で見ると、ほとんど手に負えないようなひどい状態だったけど、「もしも自分がイメージする通りのものなら、絶対に手に入れなくては」と思ったんだ。メールをしても電話をしてもオーナーと連絡が取れなかったんだけど、その後5000ドルでeBayに出品されたから、「すぐに落札」をした。半額は友人のマイクに借りた。たしか最終的には売り手に3600ドルにしてもらって、僕のものになったんだ。

フォスター：メーカーと年式は？

ライアン：1948年式のシボレーのバスで、60年代後半のフォルクスワーゲンのスプリットウィンドウバスの車体が上に載っている。フォルクスワーゲンはおそらく67年式かな。

それから、このバスには、グレイトフル・デッドのダンシング・ベアの精霊が宿っていると教えてくれた。

フォスター：購入時、前のオーナーから車歴について何か聞いている？

ライアン：いくつか話してくれたよ。たしか、何十年もグレイトフル・デッドの追っかけに使われていたそうだ。子どもの頃に各地のライブでこのバスを見かけたというメールが、別々の人たちから何通か届いたことがあったらしい。前のオーナーにこのバスを売ったサン・ルイス・オビスポに住む女性は、このバスを移動式のマリファナショップにするつもりだったそうだ。前のオーナーは、どこかよさそうな場所でバスをただ錆びつかせるより、最後のオーナーに手渡すのが自分の仕事だと思ったと言っていた。それから、このバスには、グレイトフル・デッドのダンシング・ベアの精霊が宿っていると教えてくれた。

フォスター：彼は本気だった？

ライアン：「精霊についてどう思う？」と聞かれたよ。彼が言うには、このバスには7匹のクマの精霊が宿っているらしい。なくした物を探すのを手伝ってくれたり、バスが壊れたら修理してくれたりするそうだ。僕のものになってから、そういうことは起きなかったけどね。おそらくみんな、どこかへ行ってしまったのだろう。あとは、クリスタルをもらった。運転前には必ずダッシュボードにパワーを送り、その後はバッテリーの横に置いておくようにとね。つまり、エネルギーが流れるようにね。

前ページ／上：Santa Barbara, California

フォスター：その後、彼とは話をした？

ライアン：バスを買った1週間後くらいに、バスを見つけた週にオーストラリアで買ったクリスタルを彼にあげたんだ。ああ、クリスタル・メス（覚せい剤）じゃないよ。僕は「これは君に持っていて欲しい。初めてバスを見たときに、手に入れたものなんだ」と言ったんだ。すると彼は、「信じられない！　僕も君にクリスタルを持ってきたんだ。バスから取り外したんだけど、バスのものだからそのまま置いておくべきだと思って」と言ってね。それで、クリスタルの交換みたいなことになったのだけど、それは実際のお金や権利証のやりとりよりも、さらにきちんとした「譲渡契約」のように感じられたんだ。

社会から身を隠す方法だと思った。

フォスター：バスを買ったときには、そこに住もうとずっと計画していた？

ライアン：ああ。責任を取り去るには、すごく良い方法になるだろうと思った。社会から身を隠す方法だと思った。家賃に追われるのは嫌だった。堅実な行動だと思ったし、サーフボードのシェイピングという仕事をする上で役立つとも思った。このバスは特徴的だし覚えてもらいやすいから、自分の強みとして使えるだろうってね。

フォスター：引っ越すまでには、どのくらい時間がかかった？

ライアン：1年はかかっていない。バスを片付けながら、同時にたくさんのプロジェクトを抱えていたしね。時間のかかる計画だという覚悟もしていた。5分でやっつけようとは思わなかった。1年目に機械的な整備を始めて、安全に動かせるようになるまで、内装には手を付けなかった。

フォスター：ロフトを取り付けるために、フォルクスワーゲンのヴァンの後部を切り落としたときは、冒涜だと感じた？

ライアン：心に企みがあってのこぎりを手にしていると、何かを殺害するような気分になるね。でも、いったん車の屋根にのこぎりを入れ始めたら、すごく解放的だったよ。

フォスター：すごいカスタムだよね。そこで暮らすためにどんな改造をした？

ライアン：床と壁を張って、全部ボルトで留め付けた。僕が使ったレッドウッド材はすべて、ジョージ・ルーカスの建物で使われていた老齢樹なんだ。取り壊されたゲストハウスの木材がハビタット・フォー・ヒューマニティに寄付されていたのを見つけて、購入したんだ。薪ストーブは、バスには十分すぎるくらいの薪ストーブで……まさに求めていたものだったよ。

フォスター：このバスで絶対に行きたいところは？

ライアン：しばらく温めている計画があるんだ。このバスに乗って、南カリフォルニアから西海岸をずっと北上して、ワシントン州のシアトル（僕の出身地）を通って、ブリティッシュコロンビア州までサーフトリップがしたい。旅をしながら、オレゴン州や北カリフォルニアや各地の素晴らしい場所で、友人を訪ねるんだ。やり遂げるまでに10年かかるかもしれないけど、バスが完璧な状態になったら、いつか実現させたい。

Santa Barbara, California

右ページ：
2000 GMC Bluebird
Mini (Sasquatch)
Big Water, Utah
Contributed by David Waugh

School Buses
Archive

1948 White Motor Co. WB28 Bus
Rio Rancho, New Mexico
Contributed by Norm Ruth

2000 GMC Bluebird Mini (Sasquatch)
Big Water, Utah
Contributed by David Waugh

1999 Thomas Transit Bus (Towanda)
Sawtooth National Forest, Idaho
Contributed by Austin LeMoine

1999 Thomas Transit Bus (Towanda)
Sawtooth National Forest, Idaho
Contributed by Austin LeMoine

Thomas Mighty Mite School Bus
上：Sierra City, California
左ページ上：Bonneville Salt Flats, Utah
左ページ下：Crystal Bay, Nevada
Contributed by Jessica Perez

Thomas Mighty Mite School Bus
Boulder City, Nevada
Contributed by Jessica Perez

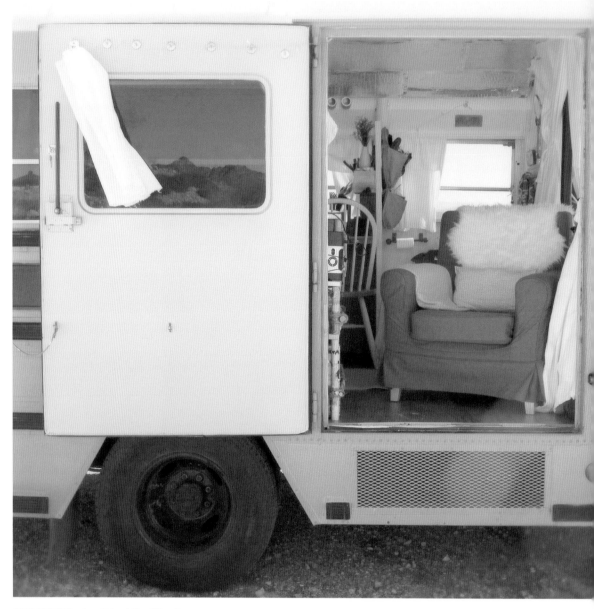

1992 GMC Vandura School Bus (Cozy)
Boulder City, Nevada
Contributed by Jennifer Lorton

1982 International School Bus (Queen of Peace)
上：San Luis Valley, Colorado
右ページ：Boulder, Colorado
Contributed by Charles M. Kern

1989 International School Bus
(Gramps)
Death Valley National Park,
California
Contributed by Randy P. Martin

1986 Blue Bird School Bus (Tusk)
Lillooet, British Columbia, Canada
Contributed by Stephanie Jewel Artuso

CHAPTER 7

SMALL RVS AND CUSTOM CAMPERS

前ページ：
1985 Toyota Sunrader (Roam
Rader)
Lone Pine, California
Contributed by Stijn Jensen

左から時計回りに：
Custer Gallatin National Fore
Montana; Beaverton, Orego
Warden, Washington

Mobile moto mechanic:

デビッド・ブラウニングは、
77年式トヨタ・チヌークキャンパーで、
ビンテージバイクと
アメリカ横断旅行への
熱い思いを追いかける。

　限られた予算ならどんなキャンパーがおすすめかと、聞かれることがよくある。そんなときは、どんなキャンパーがあるかを知るために、まずは幅広く調べてみることを薦めている。どうやって使いたいのか、旅の優先事項は何かを、具体的に考えてみるのがいい。名前は知られていなくても、人気の高いヴァンやキャンパーに比べると、ずっと安い値段で手に入る（しかも、信頼性は高いことが多い）キャンパーは、世の中にたくさんある。デビッド・ブラウニングが北米旅行で使うのは、そんなダイヤの原石のようなキャンパー、1977年式トヨタ・チヌークだ。十分すぎる空間に、スマートなレイアウト、1ガロンあたり22マイルという走行距離——4気筒エンジンを積んだ40年物のキャンパーにしては、悪くない。

フォスター：チヌークのことを聞かせて欲しい。年式とモデルは？

デビッド：1977年式のトヨタ・チヌークで、「ダイネット」レイアウト。ベンチシートが2列とセンターテーブルがあって、奥の両サイドにキッチンがある。

フォスター：チヌークに決めた理由は？

デビッド：ニューヨークは素晴らしい場所だけど、圧倒されることもある。だから、毎年数カ月は都会でバイクのプロジェクトに携わって、残りの時間は旅をしながら仕事をして過ごせるよう、脱出ポッドや移動できる仕事場について、いろいろと考えるようになった。

　90年代の中頃、昔からの仲間たちと一緒に、フォード・エコノラインでアメリカ中を旅したことがあったから、そのときの経験や旅の仕方をよく思い出してみたんだ。それで、同じようなカスタムできるヴァンを探していたら、偶然チヌーク・ニューポートの写真を見つけて、すっかり魅了されたんだ。

脱出ポッドや移動できる仕事場について、
いろいろと考えるようになった。

フォスター：どうやって見つけたの？

デビッド：いい状態のものは、あまり出回っていない。アメリカ中を探しても、毎年数台が売りに出されるくらい。テネシー州まで行って、現物を見ないで別のチヌークを買おうとしていたんだけど、最後にもう一度、北東部のエリアをチェックしたら、ロングアイランドでちょうど1台売りに出たんだ。翌朝の5時に電車に飛び乗って買いに行ったよ。

フォスター：これまでにどんなカスタムをした？

デビッド：できるだけ元の状態を残すことにしたんだ。そのままでも素晴らしい設計だからね。その時代からやってきた、コンパクトなタイムカプセルだよ。

　文明の利器について言うと、音楽とカーナビ用にBluetoothのステレオを取り付けて、電力消費を抑えるために照明をLEDにして、安全のためにプロパン／CO_2センサーを取り付けて、窓にスモークを貼って、外部シャワーとポータブルトイレを設置した。あとは、電力を確保するのに、モバイルバッテリー数個と持ち運び式のソーラーパネルも積んでいる。

Olympic National Forest, Washington

フォスター：室内空間はどうやって使っている？

デビッド：写真の機材や革細工の道具をしまうクローゼットの棚を取り付けた。5フィート3インチのミニシモンズのサーフボードは、頭上のスペースにぴったり入るんだ。あとは、テントとキャンプマット、寝袋、タープ、ハンモック、釣り道具、空気で膨らませるカヤック、小さなギターも積んでいる。

　1人で使っても最高だし、友人と旅するのも快適だよ（かつては300平方フィートのマンションに住んでいたけどね）。

フォスター：この車でステルスキャンプをしたことはある？

デビッド：2016年にチヌークで過ごしたのは約300日で、そのほとんどは国立森林公園や土地管理局の所有地に泊まっていた。僕は都会暮らしよりも自給自足の生活の方が好きだから、隠れて泊まるということはあまり気にしていない。とはいえ、ロサンゼルス周辺で1カ月間ステルスキャンプをしたときは、何も問題なかったよ。

フォスター：この車で最初に出かけた旅は？

デビッド：ニューヨーク州のベアマウンテンまでテスト走行で運転して、長距離の旅に出る前にするべき作業を見極めた。次の日、必要な部品を全部揃えて、エンジンなどの修理に取りかかった。2週間後には、フロリダからカリフォルニア、コロラド、そして太平洋岸北西部を大きく巡る旅に出た。

フォスター：チヌークについて、できたら変えたいと思う部分はある？

デビッド：これまで購入して修理してきた車の中でも、チヌークの設計は最高の部類に入る。でも、ファイバーグラスの屋根とフローリングの床は、経年による劣化を防ぐために補強したい。断熱も強化したい。マイナス7度の中で夜を過ごしたことがあるけど、そのときはルーフを下ろして、暖房を入れて、服を何枚も着込んで、毛布を何重にもかけた。

Central Oregon

燃料ポンプがガソリンタンク内にあるから、交換が必要になると作業が大変だけど、それはチヌークというよりトヨタの問題。あとは、旅先でちょっとバイクに乗るのに、バイクキャリアを取り付けられるだけの積載可能重量があればよかったかな。

フォスター： これまでに故障したことはある？

デビッド： 40年近く経った車はみんなそうだけど、維持費がすごくかかる。費用のかさむ修理もしたし、一般的な整備もするし、ブレーキとサスペンションと駆動系の大部分はリビルドした。予防としてのメンテナンスはできるだけしておくけど、工具一式とよく使う部品は持ち運ぶようにしている。

　アリゾナの砂漠でウォーターポンプが故障してね。数週間後、マリブでクラッチレリーズシリンダが壊れて。その後、オレゴン州でクラッチマスターシリンダが壊れて。その後、ディストリビューターがすっかりおかしくなった。あのときは原因を探るのが大変で、ケンタッキー州に着く頃になって、ようやく完全に理解して解決できた。でも、ほとんどの問題であれば、比較的簡単に対処できる。チヌークで旅をする予定なら、整備の基礎知識を身に付けて、メーカーのサービスマニュアルを持参することをおすすめする。それでも、全体としては、信頼できる素晴らしい作りだよ。

Beavertown, Oregon

右ページ：Bridger-Teton National Forest, Wyoming

フォスター：ウォークスルーはどう？

デビッド：僕は6フィート2インチで、チヌークは少し高さが厳しい。ポップアップルーフを上げれば天井まで十分に隙間ができる。あと、背の高い人にはベッドの長さが少し足りなくて、僕は体を斜めにしないと眠れない。運転席からキャンパー部分までの通路は、曲芸師みたいに体をひねらないと通れないけれど、それでも車から降りないで後部へ行けるのは便利だよ。

フォスター：信頼性は高い？ 20Rエンジンはどう？

デビッド：2016年の走行距離は2万マイルだけど、壊れたのは数回だけ。20Rエンジンはとにかく信頼できるし、すごく頑丈。ホンダCB550のSOHC4気筒エンジンと並んで、今までで一番のお気に入りのエンジンだよ。

フォスター：燃費はどんな感じ？

デビッド：初めは1ガロンあたり16〜18マイルだった。バルブを仕様に合わせて調整して一般整備をしたら、1ガロンあたり20〜21マイルまで上がった。キャブレターをウェーバーの32/36に変えてから、今では20〜23マイルまで伸びている。

フォスター：2万マイルを超える長距離旅行を計画している人にアドバイスをするとしたら？

デビッド：1つアドバイスできるのは、旅に出る前に、自分の車のことをできる限り知っておくのがよいということ。自分の車について詳しくなっておくことと、基本的な機械系や電気系の故障修理の腕を磨いておくこと。どこかの段階で、必ず何かは壊れることになる。部品を持っていれば、高いレッカー代を払ったり、思いがけず砂漠で立ち往生したりする代わりに、道端で手早く修理ができる。基本的な修理技術の習得や、部品集めに費やした時間は、いったん旅に出れば10倍になって返ってくる。サービスマニュアルと工具一式を持っていくこと、そして、よく使う部品とメンテナンス道具を備えておくことだね。

1967 Avion Cabover Camper (The Buggy)
Bozeman, Montana
Contributed by Blakeney Sanford

Small RVs and Custom Campers Archive

1988 4x4 Toyota Hilux Chinook
上：Death Valley National Park, California
右ページ上：Juan de Fuca Provicial Park, British Columbia, Canada
右ページ下：Lake Minnewanka, Banff, Alberta, Canada
Contributed by Adam Smith

1984 Nissan Odyssey RV (Justo)
Castle Valley, Utah
Contributed by Isaac Johnston

1984 Nissan Odyssey RV (Justo)
Grand Teton National Park, Wyoming
Contributed by Isaac Johnston

1979 Leyland FG (Molly)
Herefordshire, England
Contributed by Bill Goddard

1980 Volkswagen Vanagon
Utah
Contributed by Sarah Bergland

1970 Starcraft Starliner
Irvine, California
Contributed by John Power

1977 Toyota Chinook (Penelope)
Vashon Island, Washington
Contributed by Camille Casado and Garrett Hystek

1974 Dodge Sportsman (Sunny)
上：Slab City, California
右ページ：Big Sur, California
次ページ：Mount Tamalpais, California
Contributed by Frankie Ratford

1978 Toyota Chinook Newport
Monument Valley, Utah
Contributed by Peter Kappen

1985 Toyota Sunrader (Roam Rader)
Bahia Concepcion, Mexico
Contributed by Stijn Jensen

Venture, California

The art of movement:

ジェイ・ネルソンが手がけるキャンパーは、芸術と家と乗り物の境界をいつもあいまいにする。

　ジェイのキャンパーを見るたび、僕は大きな笑顔を浮かべてしまう。すごく変わっていて、決して型にはまることなく、とんでもなく斬新なのだ。車やボート、ジープにトラック、隠れ家に砦、インスタレーションなど、長年にわたる彼の全作品を目にしたとき、僕は自分がどれだけジェイのファンであるかに気が付いた。彼は間違いなく、今を創る最も才能あるアーティスト、画家、彫刻家、建築家の1人である。彼は驚くような方法で、自動車と居住空間を捉え直し、それを作り変え、そこに新たな意味を持たせる。彼の作品が大好きなあまり、数年前、彼にコンパクトなスズキSJ410のカスタムをお願いしたところ、ものすごいものができあがった――小型の4気筒の4WDの荷台に載せられたキャンパーシェルは、全長6フィート、丸い屋根でバンク付き、素材は船舶用合板で、仕上げに上から銅板が貼られていた。ジェイと定期的に連絡を取るようにしているのは、サーフィンの話でも、彼の次のプロジェクトの話でも、彼は僕自身が制作するものについて、新たな角度から考えさせてくれるからだ。

フォスター： 最初のシビックのキャンパーはどうやって作った？　ニューヨークに住んでいた頃だった？

ジェイ： いや、大学が終わってすぐの頃。22歳くらいのとき、ハレー・クリシュナの集会所の裏庭に建っていたあばら小屋に、すごく安い家賃で住んでいた。友人の母親が92年式のホンダCRXで事故にあって、ひどくぶつけていたから200ドルくらいで売ってくれた。そのとき車を持っていなかったから、とりあえず買ったんだ。でも、大きな穴が開いていて、雨が入ってきた。最初にプレキシグラス（アクリル板）でふさごうとしたけど、全然上手くいかなくて。それで、上に箱を載せたらどうかと考え始めて──ハッチバックではなくて、スクエア型みたいに──それから、箱の上に荷台を載せようと思った。モラスクサーフショップの店先で作って、サンブルーノにあるルーク・バーテルズのウッドショップで仕上げた。

　その後、24歳の冬にニューヨークへ引っ越して、そこでも乗っていた。初めてのカスタムだったけど、その車で生活してはいなかった。基本的には、僕はずっとキャンパーで暮らすタイプの人間じゃないけど、1〜2週間旅に出られるという考え方は大好きだ。ニューヨークでCRXのキャンパーに乗っていたときは、夏にカナダのノバスコシア州まで行って、そこからモンタナ州までドライブしたこともある。

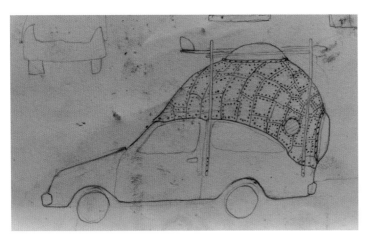

Bar Harbor, Maine

フォスター：グラスファイバーを使った？　船舶用合板とグラスファイバー？　どうやって作ったのか教えて欲しい。

ジェイ：それが木材なんだ。おかしな話だけど、当時は全然お金がなかったから、サーフボードショップのビルダーに廃材をもらってね。彼のところには、幅2インチ、長さ8フィートくらいの板がたくさん余っていたんだ。その長い板で骨組みを覆って、その上にグラスファイバーを貼ったら、ひどいことになって。木材の表面を十分なめらかにしていなかったから、グラスファイバーが全部はがれてしまったんだ。そこから学んだのは、キャンパーシェルを作るときには、板の表面をなめらかにするということ。それから、全体にボンドのボディフィラーを塗って、ひび割れや穴を全部ふさいで、さらにヤスリをかけて、その上にグラスファイバーを載せる。グラスファイバーにはごく小さな穴が開いていることがあって、そこから雨水が入ると木材がカビてしまう。最終的にはCRXキャンパーもそうなってしまったけど、それでも長く乗れた。8年乗って廃車にした。

フォスター：その後はどうしていた？　最近はどんな仕事をしている？

ジェイ：最近はまた、CRXのようなプロジェクトに戻っている。最も注目が集まって、時間もかかったプロジェクトは、パタゴニアのWorn Wearトラックだったと思う。あとは、君のキャンパー（スズキSJ410）と、ヴィスラのヴァン。その2台は、どちらも2週間ほどで制作した。予算や期限が限られている方が興味を引かれるんだ。パタゴニアのトラックは、やりたいことが全部できるくらい予算が豊富にあって、時間も好きなだけかけてよかったから、僕にとっては挑戦だった。すごいものになったし、目的に合うものができたと思うけど、自分のキャンパーだったら、そこまでしようとは思わないかな。もっと時間をかけずにできるものが作りたいよ。

フォスター：何でも手早く作ってしまう君の才能は、いつも本当にすごいと思っている。良いものをすぐ作れるという意味では、大変な多作家だよね。どこかの時点で、制作の数は減っていくのかな。

ジェイ：あんなふうに誰かのために何かを作るのは、もうあまり気が進まない。その人にとって完璧なものを作らなくてはいけない気がしてしまうから。今の時点では、個人や企業から、何か作って欲しいと毎週メールが来るような状態。パタゴニアのときはプレッシャーが大きくて、彼らのために本当に素晴らしいものを作りたいと考えて、それが挑戦になった。もし自分のために作っていたら、あそこまでしなかったと思う。予算がたくさんあっても、あんなに時間はかけないだろうな。

フォスター：そうだよね。これは前にも話したけど——僕はトヨタのピックアップトラックのキャンパーをカスタムしたとき、ちょっと変わった経験をした。こだわり抜いた最高の車にしようと、ものすごく力を注いだのに、完成したら、少なくとも僕にとっては、すっかり魅力を失ってしまったんだ。

ジェイ：そう、そこがいつも挑戦なんだ。どうやったら、前へ進み、良い方向へ向かわせながら、完璧にしないでおけるか。縛りつけることなく、自由なままにしておけるか。アートにおける大きなテーマだ。絵画でもそう。結局のところ、小さな子どもたちが一番いい絵を描く。子どもたちより良いものを作ることは決してできない。どうすれば、すべての人生経験や自分が思い描くアイデアを抱えて前に進みながら、それと同時に、後ろに下がったりもできるかな。

フォスター：君が作ったキャンパーからインスピレーションを受けた人や、自分の車をカスタムしてみたい人にアドバイスをするとしたら？

ジェイ：僕のアドバイスは、とにかくやってみよう、ということ。プロジェクトを前にすれば、いつだって怖くなる。でも一番大変なのは、最初の一歩を踏み出すことなんだ。

Bar Harbor, Maine

CHAPTER 8

TRUCK CAMPERS AND 4X4S

前ページ：
2012 Mercedes-Benz Unimog
U 4000
West Coast, South Africa
Contributed by Svend Rands

左から時計回りに：
Truckee, California; Portland,
Oregon; Truckee, California

Evolution of a snow chaser:

ティムとハンナの
フォードF-250キャンパーは、
真新しい雪を目指すという
目的のためだけに
カスタムされている。

　2人はドリームチームだ。ティムはプロ歴10年のスノーボーダーで、ハンナは才能あるスケートボーダー、サーファーであり、腕の良い菓子職人でもある。彼らはラディカル・ローマー（急進的な放浪者）と名付けたフォードF-250に乗って、西海岸を行ったり来たりしながら、サーフィン、スノーボードをし、自転車に乗り、環境問題への意識を高めている。放浪の旅に出ていないときは、カリフォルニア州トラッキーの山の中に自分たちで建てた、コンパクトで素敵な小屋を拠点にしている。彼らは、どんなことにもポジティブなエネルギーを注ぎ込む。僕は彼らのそんなところが大好きだ。そして、自然の中で自分たちを試したいと願い続ける彼らから、いつも感動をもらっている。

フォスター：キャンパーの名前を考えたことはある？

ティム：ああ、あるよ。ラディカル・ローマーだ。

フォスター：君の車の進化について聞きたいんだ。初めて会ったときは、4WDのレンジャーに乗っていたよね？

ティム：最初はスバルの後ろで眠っていて、それから、合板を張った荷台にキャンパーシェルを積んだレンジャーに乗り換えたんだ。でも、長期の旅に使えるような車じゃなかった。1週間くらいならいいけど、冬はつらくて使い物にならなかった。ポップアップルーフが原因だったんだと思う。それで、レンジャーがあったから、それに載る小さなキャンパーを買った。それはそれで最高だったけど、特に冬場に、何カ月にもわたって過ごせるようなキャンパーが欲しかった。寒い気候を避けようとするんじゃなくて、受け入れたかった。嵐の夜に山道にいたら、ポップアップルーフではどうしようもない。雪を追いかけるには役立たない。それで、今の状態にたどり着いた──すべてを兼ね備えたキャンパーだ。この車には、これまでに学んだことと、欲しかったのものがすべて詰め込まれている。

フォスター：今のピックアップトラックにはどんなストーリーがある？

ティム：94年式でターボ車なんだ。7.3リッターターボ。初期のパワーストロークで、厳密には1994年の中頃くらい。フォードは初のターボディーゼルを94年の後半に発売したんだ。ターボディーゼル市場への初参入で、持てる力をすべて投入したから、最高のエンジンの1つだと言われている。間違いなくいいものを見つけたよ。

フォスター：ピックアップを探すのに時間はかかった？　どこで見つけた？

Baja, Mexico

ティム：欲しい車がはっきりしていたんだ。2ドアのターボディーゼルが欲しかったから、見つかるまでしばらく時間がかかった。オレゴン州サンディのクレイグスリストで見つけたんだ。走行距離はわずか13万マイル。すぐに飛び付いて、すっかり夢中になった。ピックアップを手に入れる前に、すでにキャンパーは購入していた。キャンパーも同じく、欲しかったものをずっと探していたんだ。

フォスター：どんなキャンパー？

ティム：1993年式のノーザンライト、610モデル。コンパクトなピックアップトラック用に作られている。レンジャーや初期のタコマに装着できる設計だ。小型だから、見つけるのがとにかく難しくて。タホにいるときにクレイグスリストに出品されたから、すぐに連絡を取って、あわてて飛び出していって、夜の11時にポートランドに着いた。ハンナは朝4時半に仕事へ出かけて、僕はウィスラーの近くのスコーミッシュ（ブリティッシュコロンビア州、カナダ）までずっと北上して、購入したキャンパーをレンジャーに乗せて、その日の夜にポートランドまで戻ったんだ。それをガレージにしまって、翌日には4×4のレンジャーを売りに出したよ。

フォスター：キャンパーを載せて国境を越えるのは大変だった？　恐ろしい話も耳にしているけど。

ティム：すごくおかしな話なんだけど、そのときは、キャンパーの税金とか、そういうものについて何か言われると思っていたんだ。だから、カナダまで行ってキャンパーを買った後、国境を越える直前にグッドウィルへ行って、キャンパーの後ろに置いてあるカナダらしいものを全部寄付した。カナダの国旗が描いてある栓抜きとか、カナダで買ったようにしか見えない紙皿とか。前オーナーがカナダ人だとわかるような痕跡を一切消したんだ。税金やら書類やらを全部片付けるのかと思って、すっかり緊張しながら国境まで行った

Santa Cruz, California

ら、言われたのは二言三言だけ。おかしいよね。ありがたいことに、終わってみたら実にあっけなかったんだ。

フォスター：それからピックアップトラックを購入して、リノまで運んで荷台を取り外して、勢い込んでフラットな荷台を取り付けたんだよね？

ティム：フラットな荷台にする前に、カリフォルニア州のマンモスへ持っていったんだ。友人のスコッティが、キャンパーを通常の荷台に乗せられるように、台を取り付けるのを手伝ってくれてね。でも、その台が荷台より小さすぎたので、持ち上げて設置しなければならなかった。マンモスでスノーボードへ出かける前日には作業が終わった。そうしたら、マンモス山であやうくひっくり返りそうになって。完全にバランスを崩したんだ。そんなことがいろいろあって、ピックアップを何とかしなくてはと思った。キャンパーはあっても、ピックアップとつなげて1つにするためのいい方法が見つからない。お互いがケンカして、上手くいかないんだ。それで、金属加工の作業場を持つ友人を訪ねてリノまで行ったら、友人が作業スペースを貸してくれて、喜んで一緒に作業してくれた。そこで、クレイグスリストでアルミ製のフラットな荷台を探してみたら、見つかったんだ。売り主は、購入して家に持ち帰ったけど、車とサイズが合わなくて、返品もできなかったらしい。僕らのピックアップにはぴったりだった。その作業場で、荷台や金具を取り付けたり、配線を引いたりして、リノですべてが一体になったんだ。

フォスター：そこから内装にはどんなふうに手を加えた？

ティム：内装は最高だよ。昨年の冬、ポートランドですべて完成させた。借りていた家のガレージに車を停めて、冬の間ずっと雨だったから、毎日作業していた。ベッドがあるバンク部分を含むフロント側は、雨漏りがして、水濡れで傷んでしまっていた。だから、木の板と断熱材を全部はがして、窓を外して、コーキングをし直して、窓枠を取り付けて、新しい断熱材と新しい木の板を張った。何もかも塗り直した。テーブルは後付けして、家電類は全部取り外して、ソーラーに変えた。ボイラーも取り外して、薪ストーブに変えた。シートクッションは本当にひどかったけど、エアブラスターのアウターの生地の端材を使って張り替えたから、丈夫だし防水も完璧になった。外装も全部コーキングをし直して、僕らが開けた穴を修理した。ガレージに入れるときにドアにぶつけて、屋根に穴が開いたから、それを修理したんだ。あれはまいった。

フォスター：ほとんどイチからキャンパーをカスタムしたんだね。

ティム：基本的には、グラスファイバー（FRP）のシェルが欲しくて買ったんだ。すごく丈夫だし、気密性もいいし、重さもわずか830ポンド。まさに欲しかったものだった。たくさん手を加える必要はあったけどね。でも、手をかけたかいはあった。そこで過ごすのは最高だよ。

フォスター：そうだよね。僕はポップアップルーフがあまり好きじゃない。

ティム：僕もそう。バンク付きのハードシェルを使ったら、もうポップアップルーフには戻れない。車を停めたら、すぐにちゃんとした場所で眠ることができて、荷物もたくさん積めるのがすごいよ。テントの中にいるような感じじゃなくて、小さな家の中にいるみたいなんだ。暖かさも断然上だし、狭苦しさもずっと少ない。間違いなく、これまでで最高の形だよ。

フォスター：もう1つよくある間違いが、「キャンパーが600ポンドしかないから、半トンのピックアップトラックなら大丈夫だろう」と考えて、重量を加えていったとたんに、車が持ちこたえられなくて、危険になってしまうことだよね。

ティム：その通りなんだ。だから僕らは、このピックアップとコンパクトなキャンパーにこだわったんだ。1トン車用のサスペンションだし、エンジンのパワーは重量をはるかに上回るから、驚くほど操作しやすいし、怖い思いは一度もしたことがない。荷物もとにかく積める。レンジャーのときは、重量オーバーになってしまうから、水を少し積み過ぎたとか、このスノーボードは積めないとか、いつも心配していた。それではがっかりだよね。あれこれ思い悩むより、ゆとりを持っていたい。

フォスター：ラディカル・ローマーでの次の旅の予定は？

ティム：水曜日から次の旅を始めるんだ。まずはオレゴン州ベンド周辺の山地へ行って、そこからワシントン州を抜けて、ブリティッシュコロンビア州の内陸部、モンタナ州、ユタ州を巡って、シエラネバダ山脈へ戻るという大きな旅。そう、僕らは雪を追い続けるんだ。

2003 Chevy Suburban Pop-Top Custom (Mervin)
Big Sur, California
Contributed by Ian Boll

Truck
Campers
and 4x4s
Archive

上：
1977 Chevy Scottsdale Custom (The Cedar Escape)
Rye Beach, New Hampshire
Contributed by Sarissa Sevincgil

左ページ：
1999 Ford Ranger Custom
Hood River, Oregon
Contributed by Ben Matthews

2007 Toyota Tacoma 2.7L 4cyl 4x4 Custom
上／右ページ上：Moab, Utah
右ページ下：Randle, Washington
Contributed by Clifton Hart

XP Camper V1 on 2016 Ford F350
Zion National Park, Utah
Contributed by Grace Wexler

XP Camper V1 on 2016 Ford F350
Red Rock Canyon State Park, California
Contributed by Grace Wexler

1993 Toyota Hilux Custom (The Backwoods Bed)
Putney, Vermont
Contributed by Ben Shumlin

次ページ：
2003 Chevy Suburban Pop-Top Custom (Mervin)
Canyonlands National Park, Utah
Contributed by Ian Boll

2003 Chevy Suburban Pop-Top Custom (Mervin)
Canyonlands National Park, Utah
Contributed by Ian Boll

2016 Ford F-250 Super Duty Crew Cab Long Bed 4x4 + 2016 Grandby Four Wheel Pop-Up Camper
右ページ上：Punta Camalú, Baja California, Mexico
右ページ下：Manitoba, Canada
Contributed by Mali Mish

2005 Dodge Dakota
Big Sur, California
Contributed by Schuyler Robertson

2005 Dodge Dakota
Pescadero, California
Contributed by Schuyler Robertson

上／左：
2000 Mercedes Sprinter Luton (HMS Hail Stone)
Morocco and Portugal
Contributed by Bill Goddard

左ページ：
1984 Toyota FJ60 Land Cruiser (Burt)
Wyoming
Contributed by Forrest Mankins

2001 6x6 M1083 US Military Tactical Vehicle
Galena, Missouri
Contributed by Rene van Pelt

上：Cape Town, South Africa　下：West Coast, South Africa

Large and in charge:

最高のキャンパーへと
仕上げられたウニモグは、
南アフリカで
父と息子をつなぐ。

数年前、僕はヨーロッパにしばらく滞在していた。アメリカ人である僕は、キャンピングカーというと、中西部の寒い冬を逃れてフロリダやテキサスへ向かうために、祖父母がレンタルするような車を思い浮かべる。だが、海外では違う。僕は、北米では見かけない無数のカスタムキャンパーに憧れの眼差しを向けた。僕が熱望する車をリストにすれば、その第1位にあがるのは、メルセデス・ベンツのウニモグをベースにした巨大な4×4のキャンパーだ。天気に関係なくどこへでも行けて、キャビンの中は小さなマンションのような快適さを備える。アメリカへ戻って——おそらくは大陸横断の旅の途中にある——そのキャンパーを目にしたら、僕の興味はまた釘付けになるだろう。南アフリカ人であるスベント・ランズは、父親と共に2012年式ウニモグをベースにキャンパーを制作し、全地形対応の野獣へ向けた僕の質問にも、快く答えてくれた。

フォスター：キャンパーのメーカーとモデルは？

スベント：2012年式メルセデス・ベンツ・ウニモグU4000。

フォスター：ウニモグにした理由は？　他にも大型の４×４を検討した？

スベント：子どもの頃は、トヨタ・ランドクルーザーによく乗っていたんだ。ピックアップトラックからSUVまで、さまざまなタイプを所有していた。どの車も、アフリカでの旅に向けて装備されていた。それよりも大型の車を探したとき、ウニモグで絶対に決まりだと思ったんだ。４×４の性能に優れているし、広い空間がとにかく快適。一度ウニモグに乗ったら、他を検討するのが難しくなるはずだよ。

フォスター：どうやって見つけた？　背景にはどんなストーリーがある？　僕の知るところでは、ウニモグには面白い過去がある場合が多かったのだけど。

スベント：それはおそらく、永久に乗れるからだね。昔のウニモグが日常業務に使われているのを今でもよく見かけるよ。消防車や掘削リグの車両として使われていることが多い。寿命なんかないように見えるよね。僕らが初めて目にしたのは、南アフリカで新モデルが登場したばかりのときだった。その週のうちには買っていたと思う。そのときから、楽しいことがどんどん始まったんだ。

フォスター：どうやってカスタムした？

スベント：ウニモグを新車で買うと、後部にむき出しの架台がついたトラックの状態で届くんだ。それをどうするかは、完全に自分次第。トラックをカスタムして、僕らの夢を形にするのに、手助けを頼めるいい人がしばらく見つからなくて。ケープタウンのアルキャブという会社がビルドを手伝ってくれた。素晴らしい仕事をしてくれたよ。これまでに見たこともないような車になったし、施された設計や技術が目に浮かぶようなんだ。

　全体としては、すべてをできるだけシンプルにしようと心がけた。遠くまで旅に出て、一番起きて欲しくないのは、装備の故障だ。だから電気系統は、ヨットの設備を手がける技術者に設計を頼んで、素晴らしいものにしてもらった。冷蔵庫や冷凍庫、照明、ウォーターポンプや、その他の電気の使用にも備えて、すごくバランスが取れていると思う。それらは全部、屋根に載せたソーラーパネルが充電するバッテリーの電気を使っている。Afrika Burn（バーニングマン・イン・アフリカ）のフェスティバルのときには、いつも以上の照明や音響装置などを使うけど、すべてウニモグ以外でまかなえる。7日間くらいは、いつもそうやってソーラーパワーを使い続ける。エンジンをかける必要があったことは一度もない。わずかな太陽で十分なんだ。

West Coast, South Africa

水もたくさん積んでいるから、熱いシャワーを浴びるのも問題ない。中にはキッチンがあって、ガスコンロや水道が付いているけど、料理はたいてい車の外でする。ここはアフリカだから、いつでもたき火で料理できるんだ！

フォスター：ベッドスペースはどうやって作った？　何人まで一緒に旅ができる？

テントの中にいるような感じじゃなくて、
小さな家の中にいるみたいなんだ。

スベント：後部の居住空間は、全体がアルミニウムでできていて、ものすごく頑丈なんだ。5人で十分快適に旅ができる。ルーフテントで3人、サイドに倒れるテントで2人が寝られる。でも、なんとか詰めれば、6人分のスペースはあるよ。

フォスター：この車でどこへ出かけた？

スベント：このウニモグは、父の愛車だったんだ。一緒に作ったけど、これに乗って長旅を楽しんでいたのは父だった。南アフリカやナミビア、ボツワナ、ジンバブエ、モザンビークなど、あちこち旅していたよ。残念ながら、父は昨年に亡くなって、一緒にちゃんとした旅はできなかった。僕は何度か、南アフリカの西海岸を北上するサーフトリップに出かけた。6月にボツワナを旅するから、今は忙しく計画を立てている。

フォスター：旅先でウニモグに乗った人たちと出会ったことはある？

スベント：ほとんど会うことはないけど、旅先で見かけたときは、いつも車同士のつながりを感じるし、お互いの車を認め合っているような気分になる。ウニモグはどれもが唯一のものだし、それぞれのニーズに合わせたカスタマイズを見るのは最高だ。乗れば必ず仲間になれるよ。

Cape Town, South Africa

フォスター：故障をしたことはある？

スベント：まだ故障はしていない。ウニモグはとてもよくできているから、壊れにくいと思う。父と友人たちは、一度タイヤがパンクして、タイヤ交換にほぼ丸1日かかったそうだ。考えてみれば、150キロ（330.6ポンド）のタイヤを持ち上げるのは、かなり大変だよね。

フォスター：大型のキャンパーを作りたい人にアドバイスをするとしたら？　自分の車で、できたら変えたいと思う部分はある？

スベント：いい車をベースに使うこと。どうやって使う予定なのかをよく考えて、それをもとに設計すること。電気系統は可能な限りいいものを設置して、複雑にしすぎないこと。僕は今のところ、大きく変えたい部分はないよ。この前トイレは取り外した。ああいうのは嫌なんだ。おそらく旅に出るごとに、新しい発想が出てくると思う。今のところ、現状で満足しているよ。

フォスター：ウニモグで絶対に行きたいところは？　今度のボツワナ旅行について聞かせて欲しい。

スベント：目的地を1つ決めるのは本当に難しい。大きな旅だと、たいてい数カ国を巡るんだ。ずっと行きたいと思っているのは、ジンバブエのゴナレジョウ国立公園。本物の自然が残っているし、数日間、人を1人も見かけずに走れる。

　ボツワナは、今年の後半に数名で旅する。これまでにもあちこちを訪れているけど、また旅するのが待ちきれない。まずは、カラハリ・トランスフロンティア公園へ行く予定。カラハリ砂漠にある自然保護区域で、ボツワナと南アフリカの国境をまたぐ場所にあって、西側はナミビアに面している。想像して欲しい。美しい赤い砂丘や、干上がった川床、夜になるとキャンプ地にやってくるライオン。僕にとっては本当に特別な場所なんだ。子どもの頃、父がよく連れて行ってくれた場所だからね。今でも手つかずの野生が残っている。そこから、オカバンゴ・デルタの東端にあるモレミ動物保護区へ行って、その後は、マカディカディパン国立公園へ向かう。世界最大級の塩原があるんだ。そういう地域を旅するときは、常に自分だけを頼りにしなければならないし、そうした場所でこそ、ウニモグが真の力を発揮する。

CONTRIBUTORS

Stephanie Jewel Artuso

James Barkman

Cyrus Bay Sutton

Sarah Bergland

Martina Bisaz

Ian Boll

Joanna Boukhabza

Eric Bournot

Marianne Brown

David Browning

Taylor Bucher

Jennifer Callahan

Jace Carmichael

Camille Casado

Sean Collier

Capucine Couty

Calum Creasy

Hayato Doi

Tim Eddy

Lara Edington

Tommy Erst

Tiphaine Euvrard

Hannah Fuller

Mark Galloway

Christine Gilbert

Bill Goddard

Ian Harris

Clifton Hart

Alex Herbig

Jens Hruschka

Garrett Hystek

Brook James

Stijn Jensen

Isaac Johnston

Jonathan Edward Johnston

Gabriela Jones

Daniel Kalinowski

Peter Kappen

Charles M. Kern

Grant Koontz

Greg Laudenslager

Austin LeMoine

Brett Lewis

Jennifer Lorton

Ryan Lovelace

Forrest Mankins

Randy Martin

Megan Matthers

Ben Matthews

Callie McMullin

Mali Mish

Kathleen Morton

Jay Nelson

Amy Nicholson

Ross Nicol

Zachery Nigel

Florian Obsteld

Bec O'Rourke

Jessica Perez

Mike Pham

John Power

Svend Rands

Frankie Ratford

Road for Greta

Schuyler Robertson

Sergio Garcia Rodriguez

Norm Ruth

Jane Salee

Blakeney Sanford

Joel Schroeder

Mary Schroeder

Sarissa Sevincgil

Ben Shumlin

Casey Siers

Evan Skoczenski

Adam Smith

Logan Smith

Michael Stevens

J. R. Switchgrass

Sean Talkington

Freddy Thomas

Peter Thuli

Beau van der Werf

Rene van Pelt

Julia Vasilevskaya

Dillon Vought

Emma Walker

David Waugh

Grace Wexler

Gunnar Widowski

Thomas Woodson

謝辞

本書のインタビューを編集してまとめてくれたアル・ジェームスに、提供写真を取りまとめて編集してくれたランディ・マーティンに、感謝の意を表する。世界中の写真提供者の方々のエネルギーと努力がなかったら、本書は存在しなかった。そうした方々の情熱と素晴らしい写真が、本書を実現させてくれた。変わり続ける僕の生活に愛想を尽かすことなく、ニューヨークの生活を離れて旅に出るときは励ましの言葉をかけてくれた、僕の友人と家族に感謝する。

——フォスター・ハンティントン

VAN LIFE
YOUR HOME ON THE ROAD
ユア　ホーム　オン・ザ・ロード

2020年8月31日　初版第1刷　発行
2022年1月31日　　　第2刷　発行

著者	フォスター・ハンティントン
訳者	樋田 まほ
翻訳協力	株式会社トランネット（www.trannet.co.jp）
編集	浅見 英治（TWO VIRGINS）
表紙デザイン	黒川 英和
DTP	水谷 イタル
販促	神永 泰宏、住友 千之（TWO VIRGINS）
企画	後藤 佑介（TWO VIRGINS）
発行者	内野 峰樹
発行所	株式会社トゥーヴァージンズ

〒102-0073　東京都千代田区九段北 4-1-3
TEL 03-5212-7442　FAX 03-5212-7889
info@twovirgins.jp
https://www.twovirgins.jp

印刷所　　株式会社シナノ

ISBN 978-4-908406-71-3
PRINTED IN JAPAN